HEYNE BÜCHER

ESOTERISCHES WISSEN

Von Norman Vincent Peale
sind erschienen in der Reihe
HEYNE ESOTERISCHES WISSEN

Die Wirksamkeit positiven Denkens · Band 08/9092
Das Abenteuer des Lebens · Band 08/9507
Trotzdem positiv · Band 08/9511
Was Begeisterung vermag · Band 08/9518
Ja zum Leben · Band 08/9531
Die Macht der Inspiration · Band 08/9544
Du kannst, wenn Du glaubst Du kannst · Band 08/9569
Der Plus-Faktor · Band 08/9593
Mut und Vertrauen · Band 08/9627
Vergiß das nicht! · Band 08/9906
Laß Dir erzählen! · Band 08/9907

Norman Vincent Peale

Gespräche mit Gott

Gebete und Meditationen,
die unser Leben verändern können

Deutsche Erstausgabe

WILHELM HEYNE VERLAG
MÜNCHEN

HEYNE ESOTERISCHES WISSEN
Herausgegeben von Michael Görden
08/9920

Aus dem Amerikanischen übertragen von Thomas Görden
Titel der Originalausgabe:
My Favorite Prayers
erschienen bei Giniger, New York,
in association with Harper, San Francisco, USA

Published by arrangement with HarperCollins Publishers, Inc.,
San Francisco, and the K.S. Giniger Company, Inc., New York
Printed in Germany 1994
Umschlaggestaltung: Atelier Adolf Bachmann, Reischach
Umschlagillustration: Superstock/Mauritius Bildagentur,
Mittenwald
Satz: ew print & medien service g.m.b.h., Würzburg
Druck und Bindung: Ebner Ulm

ISBN 3-453-08083-1

Inhalt

Einleitung 7

Erster Teil: Gebete für jeden Tag 13

1: Am Morgen 15
2: Zu den Mahlzeiten 27
3: Zur Schlafenszeit 33
4: In Zeiten der Not 41
5: Für das Jenseits 51

Zweiter Teil: Gebete für viele Anlässe 67

Dritter Teil: Meine eigenen Gebete 95

Rat an den Leser 135

Danksagung 137

Einleitung

Gibt es ein einfaches Rezept, mit dessen Hilfe wir erfolgreich und schöpferisch dieses Leben meistern können? Viele solcher Rezepte wurden im Laufe der Jahre entdeckt, und zweifellos waren sie alle hilfreich.

Ich unterhielt mich einmal mit Conrad Hilton, einem bemerkenswerten Hotelier. Er erzählte mir davon, wie hart seine Eltern sich abmühen mußten, um ihre Armut zu überwinden und zu Wohlstand zu gelangen. Als fromme Katholiken machten Mr. Hiltons Eltern zwei Wörter zu den Leitwörtern ihres Lebens. Für seinen Vater war es das Wort *Arbeiten*, das ein gutes altes amerikanisches Wort ist. Für seine Mutter war es das Wort *Beten*, ebenfalls ein gutes altes amerikanisches Wort.

Ich war beeindruckt, denn ich wußte, daß Conrad Hilton diese Wörter in seinem Leben beispielhaft verwirklichte. Dann mußte ich an meine eigenen Eltern denken. Sie waren fromme Protestanten gewesen. Ich erzählte Mr. Hilton, daß auch mein Vater und meine Mutter beide einem bestimmten Wort besondere Bedeutung beigemessen hatten. Das Wort meines Vaters war *Denken* gewesen. Meine Mutter hatte, ebenso wie Mr. Hiltons Mutter, dem Wort *Beten* besondere Aufmerksamkeit gewidmet. Wählen Sie sich diese drei Wörter, *Arbeiten*, *Denken* und *Beten*, als Motto oder Lebensregel; es würde mich wundern, wenn Sie Ihr Leben damit nicht in den Griff bekämen.

Ich möchte nun auf das Denken und das Beten ausführlicher eingehen. Sie gehören zu den größten Fähigkeiten, die der allmächtige Gott den Menschen geschenkt hat. Wenn Sie mich fragen, handelt es sich bei ihnen um zwei Aspekte derselben Sache, denn Beten ist eine besondere Art zu denken; es ist Denken in der Tiefe und Denken in der Höhe. Und ich glaube wirklich, daß man mit Denken und Beten alles im Leben ertragen, verändern oder überwinden kann.

Das gilt auch für das Lösen von gesellschaftlichen Problemen. Bei unserem Einsatz für soziale Reformen, sozialen Fortschritt würden wir mehr erreichen, wenn wir uns weniger von Emotionen leiten ließen und mehr auf vernünftiges, gutes, schöpferisches christliches Denken bauten. Ich glaube, daß wir mit den vereinten Kräften des Denkens und Betens eine erhebliche Verbesserung der gesellschaftlichen Verhältnisse bewirken könnten.

Doch zuallererst müssen wir uns die Frage stellen: Denken wir, als einzelne? Oder beten wir? Tun wir das wirklich? Wieviel denken Sie nach? »Oh«, antworten Sie, »ich lese Zeitung, ich lese Zeitschriften und ein paar Bücher.« Schön, ich habe Sie nicht danach gefragt, wieviel Sie lesen. Ich habe gefragt, wieviel Sie nachdenken. Bei der Lektüre der meisten Zeitungen und Zeitschriften brauchen Sie nicht zu denken. Da haben andere bereits für Sie gedacht, wenn man das überhaupt so hochtrabend bezeichnen kann. Denken ist, wenn Sie sich auf geordnete Weise geistig mit einer Sache auseinandersetzen und dann Ihre Gedanken schöpferisch zum Ausdruck bringen.

Ich habe gehört, daß der Mensch durchschnittlich nur 10 bis 20 Prozent seiner Gehirnkapazität nutzt. Das würde bedeuten, daß wir 80 Prozent unserer Gehirnkapazität ungenutzt lassen. Und wieviel von unserer Gebetskapazität nutzen wir? Wieviel Zeit wenden Sie täglich für das Beten auf? Vielleicht fünf Minuten?

»Oh«, sagen Sie, »ich bete nur, wenn ich in Schwierigkeiten bin und nicht mehr weiter weiß.«

Schön. Doch danach habe ich gar nicht gefragt. Ich rede von jener Art zu beten, bei der man regelmäßig, wissenschaftlich und konsequent betet.

Große historische Persönlichkeiten haben uns gesagt, was Denken und Beten bedeuten. Cicero sagte zum Beispiel: »Leben ist Denken«, was besagt, daß man nicht lebt, wenn man nicht denkt. Benjamin Disraeli, einst Premierminister von Großbritannien, sagte: »Nähre große Gedanken in dir, denn du wirst nie höher gelangen als deine Gedanken.« Wie hoch hinauf möchten Sie? Bringen Sie Ihr Denken auf diese Höhe. Und beten und arbeiten Sie sich dann dort hinauf. Alfred Lord Tennyson war es, der sagte: »Mehr Dinge werden durch Beten erreicht, als diese Welt es sich träumen läßt.« John Greenleaf Whittier riet uns: »Wer mit einfachem Herzen in Liebe bittet, dessen Bitte wird erhört.«

Man braucht kein großes Genie zu sein, um ernsthaft und beharrlich kreatives Denken und kreatives Beten zu praktizieren. Sie wollen Leben – ein vitales, begeisterndes, kreatives, faszinierendes, überschwengliches, wunderbares Leben? Dann sollten Sie sich in der Kunst des Denkens und Betens üben.

Die Bibel ist ein äußerst bemerkenswertes Buch, aber viele Menschen lesen nie darin. Mitunter sagt mir jemand: »Ich verstehe den Inhalt nicht.« Nun, alles was man dazu braucht, ist die Bereitschaft, sich etwas intensiver mit den Bibeltexten zu beschäftigen. Nehmen Sie zum Beispiel den ersten Brief des Paulus an die Thessalonicher, Kapitel 5, Vers 16: »Seid allezeit fröhlich.« Das Christentum rät Ihnen, nicht niedergeschlagen herumzulaufen und zu sagen: »Ich kann das nicht, ich bin unfähig, das Leben ist zu schwer für mich.« Seien Sie fröhlich. Fröhlichkeit wirkt befreiend. Dann werden Sie entdecken, daß Sie viel mehr können, als Sie sich vorher je zugetraut hätten. Denken Sie immer an diese Worte: »Seid allezeit fröhlich.«

Der nächste Vers lautet: »Betet ohne Unterlaß.« Beten Sie unaufhörlich. Beten Sie bei allem, was Sie tun. Machen Sie das Beten zu einem festen Bestandteil Ihres Unterbewußtseins.

Dann geht es weiter: »Seid dankbar in allen Dingen.« Danken Sie Gott für alles. Danken Sie ihm in allen Lebenslagen.

Und im letzten Vers heißt es: »Prüfet aber alles« (was bedeutet: denkt über alles nach) »und das Gute behaltet.«

Die Botschaft dieser vier Verse kann man in zwei Worten zusammenfassen: *Denke* und *bete.* Folgen Sie dieser Empfehlung.

»Gut«, sagen Sie, »ich weiß, aber das hört sich ziemlich schwierig an.«

Natürlich ist es schwierig. Wie schafft man es, auf einem bestimmten Gebiet zum Könner zu werden? Als erstes muß der feste Wille da sein. Zweitens muß man sich das erforderliche Wissen aneignen. Und dann denkt man die Sache immer wieder durch, arbeitet sie durch und übt. Große Erfolge erzielt man immer, indem man gewissenhaft an einer Sache arbeitet und beharrlich übt.

Bei der Arbeit an diesem Buch habe ich an Sie gedacht. Es ist dazu bestimmt, Ihnen Freude zu schenken und Ihnen die stärkste Kraft der Welt näherzubringen. Diese Kraft ist das Gebet. Im Gebet kommunizieren wir mit der Ersten Ursache, mit Ihm, der alles erschaffen hat, auch Sie und mich.

In diesem Buch finden Sie einige der schönsten Gebete, die Menschen in früheren Zeiten halfen, und es auch heute noch tun. Es enthält Gebete, die für die berühmten Gelehrten und Heiligen der Weltgeschichte ebenso segensreich waren wie für einfache Menschen wie Sie und mich.

Mich selbst haben betende Menschen Beten gelehrt, die vor jeder Mahlzeit Gott dankten; in meiner Familie tun wir das heute noch. Als Kinder beteten wir nach dem Zubettgehen immer jenes alte, einfache Gebet: »Müde bin ich, geh zur Ruh' . . .« Danach schlief ich immer rasch ein, doch nie, bevor ich hinzugefügt hatte: »Und bitte, lieber Gott, laß mich in Algebra nicht durchfallen und mach, daß die Cincinnati Reds gewinnen.«

Meine Gebete sind in meinem Leben eine so enorme Hilfe und ein solcher Segen gewesen, daß ich sie gerne mit Ihnen teilen möchte.

Norman Vincent Peale

Erster Teil

Gebete für jeden Tag

1

Am Morgen

Frank Laubach gehört zu den Menschen, die mir in diesem Leben am meisten geholfen haben. Als größter Experte für den Lese- und Schreibunterricht in unterentwickelten Nationen brachte Frank mehr Menschen auf dieser Welt das Lesen bei, als sonst irgend jemand. Er war ein erstaunlicher Mann, ein Heiliger, aber von der derben Sorte, ein Heiliger aus Fleisch und Blut und mit starken Fäusten, und einer der größten spirituellen Denker, den ich je kennengelernt habe. Er sagte, daß man sich darin üben müsse, tagtäglich mit Gott zu leben, um das Leben wirklich zu verstehen.

Wie könnte ein solches tägliches Leben mit Gott aussehen? Nun, zum Beispiel könnten Sie, wenn Sie morgens aufwachen und das Licht des Tages erblikken, beten: »Herr, ich danke dir, daß du mir einen erholsamen Schlaf geschenkt hast und daß du jetzt bei mir bist und über mich wachst. Du bist bei mir. Ich bin bei dir. Ich möchte heute den ganzen Tag mit dir leben.« Dann könnten Sie ein paar Minuten in der Bibel lesen, ganz ohne Eile, so daß die Worte und ihre

Bedeutung Gelegenheit erhalten, von Ihrem Bewußtsein in Ihr Unterbewußtsein hinabzusinken. Sprechen Sie ein kleines Gebet, in dem Sie Gott um Führung bei dem bitten, was Sie an diesem Tag vorhaben. Vielleicht bitten Sie Gott auch darum, Ihnen während des Tages jemanden zu schicken, dem Sie helfen und vor dem Sie für Ihren Glauben Zeugnis ablegen können. Dann wird er tatsächlich jemanden zu Ihnen schicken mit einem Problem, bei dem genau Sie ihm behilflich sein können.

Wenn Sie vom Büro aus ein Telefongespräch führen, können Sie in dem kurzen Moment, nachdem Sie die Nummer gewählt haben, Gott bitten, dieses Telefonat zu segnen. Ehe Sie einen Brief schreiben, können Sie Gott bitten, den Menschen zu segnen, dem Sie schreiben möchten. Oder Sie bitten ihn, Sie so zu führen, daß Sie beim Schreiben die richtigen Worte wählen.

Indem wir spirituell denken und spirituell beten, können wir, Sie und ich, eine Kraft mobilisieren, die größer ist als alles andere in dieser Welt. Machen Sie Gebrauch von dieser durch Christus wirkenden Kraft Gottes, denn sie kann alles aus Ihrem Leben vertreiben, das Sie daran hindert, erfolgreich, glücklich und nützlich zu sein. Diese Kraft besitzt die beispiellose Fähigkeit, einen Menschen völlig zu durchdringen und ihn aus seiner Schwäche in einen Zustand der Stärke emporzutragen.

Ich wuchs in einer religiösen Familie auf, und schon früh brachte man mir das folgende Gebet bei, das in beinahe allen christlichen Kirchen gesprochen wird:

Das Vaterunser

Vater unser im Himmel,
geheiligt werde Dein Name.
Dein Reich komme.
Dein Wille geschehe, wie im Himmel, so auf Erden.
Unser tägliches Brot gib uns heute.
Und vergib uns unsere Schuld,
wie auch wir vergeben unseren Schuldigern.
Und führe uns nicht in Versuchung,
sondern erlöse uns von dem Bösen.
Denn dein ist das Reich und die Kraft und die
  Herrlichkeit
in Ewigkeit. Amen.
MATTHÄUS 6, 9–13

◇◇◇

Wir danken Dir herzlich für die Ruhe der vergangenen Nacht, und für das Geschenk eines neuen Tages, der uns die Gelegenheit gibt, Dich zu erfreuen. Erlaube uns, seine Stunden in der vollkommenen Freiheit Deines Dienstes so zu verbringen, daß wir Dir am Abend wieder für Deine Gnade danken dürfen durch Jesus Christus, unseren Herrn. Amen.
OSTKIRCHE, DRITTES JAHRHUNDERT

◇ ◇ ◇

O Vater, erhelle uns die kleinen Pflichten dieses Tages. Mögen sie in der Schönheit Deines Antlitzes leuchten. Schenke uns den Glauben, daß auch unsere gewöhnlichste Alltagsarbeit Deinem Ruhme dient. Amen.
AUGUSTINUS 354–430

◇ ◇ ◇

Dieses Gebet ist eine unentbehrliche Lebenshilfe – jedenfalls habe ich diese Erfahrung gemacht.

Hilf uns heute, O Gott, daß wir mit Frömmigkeit dir dienen und mit Fleiß der Welt. Mögen wir unsere Arbeit mit Klugheit verrichten, in Bescheidenheit Hilfe leisten, uns mit Appetit zu Tisch setzen, maßvoll speisen, dankbar gegen unsere Freunde sein, frohen Mutes zu Bett gehen und in Frieden schlafen, zur Freude unseres Herrn Jesus Christus. Amen.
MITTELALTERLICHES GEBET

✧✧✧

Hier ist ein Gebet für den Alltag:

Segne, O Gott, die Erde unter meinen Füßen,
Segne, O Gott, den Weg, auf dem ich gehe,
Segne, O Gott, die Menschen, denen ich begegne,
Heute und morgen. Amen.
ALTES KELTISCHES GEBET

✧✧✧

Hier ist ein hilfreiches Morgengebet:

O himmlischer Vater, ich danke dir von Herzen, daß es deiner väterlichen Güte gefiel, in der vergangenen Nacht über mich zu wachen. Ich bitte dich inständig, O gnadenvoller Vater, mir auch während des heutigen Tages diese Gunst zu erweisen, indem du meinen Körper und meine Seele behütest. Laß mich nichts denken, sagen oder tun, das deiner väterlichen Güte mißfällt, gefährlich für mich oder zum Schaden meines Nächsten ist. Laß all mein Handeln heute im Einklang mit deinem gesegneten Willen sein, der immer gut ist, so daß es dazu beiträgt, deinen Ruhm zu mehren, meine Berufung zu erfüllen und meinem Nächsten zu helfen, den ich lieben soll wie mich selbst. Laß mich, wenn du nach mir rufst, ein Kind des Lichts und nicht der Dunkelheit sein, durch unseren Herrn Jesus Christus. Amen.
THOMAS BECON 1512–1567

◇ ◇ ◇

Laß uns, Herr, bei der Erfüllung unserer Pflichten so hellwach sein, daß wir am Abend in deinem Frieden einschlafen und am Morgen in deinem Glanz erwachen.
JOHN DONNE 1572–1631

◇◇◇

O unser Gott, erlaube, daß wir dich kennen, dich lieben und uns an dir erfreuen. Und sollten wir dieses Ziel auch in diesem Leben nicht völlig erreichen, so hilf uns, daß wir ihm Tag für Tag ein Stück näherkommen, um Christi willen. Amen.
SANKT ANSELM VON CANTERBURY 1033–1109

◇◇◇

O Herr, himmlischer Vater, allmächtiger und ewiger Gott, der du uns vor Tagesanbruch behütet hast, beschütze uns auch während des Tages mit deiner unendlichen Macht. Bewahre uns heute vor Sünde und Gefahr. Lenke alle unsere Handlungen, so daß wir stets nur das tun, was dir wohlgefällig ist, durch Jesus Christus, unseren Herrn.
AUS EINEM GEBETBUCH

◇◇◇

Fulton Oursler, der große Journalist und Schriftsteller, befestigte das folgende Gebet gut sichtbar auf einem Schild an der Tür seiner New Yorker Wohnung:

O Herr, du weißt, wieviel ich heute zu tun habe; wenn ich darüber dich vergessen sollte, so vergiß du bitte mich nicht.
LORD ASTLEY 1579–1652

◇◇◇

Obwohl dieses Gebet schon recht alt ist, hat es auch in der heutigen Zeit noch seinen Wert.

O Herr, der du uns durch deinen heiligen Apostel gelehrt hast, alle Dinge im Namen des Herrn Jesus und zu deinem Ruhme zu tun, segne, darum bitten wir dich, diese unsere tägliche Arbeit, damit wir sie im Glauben und mit ganzem Herzen tun, nach deinem Willen und nicht nach dem Willen der Menschen. All unsere körperlichen und geistigen Kräfte gehören dir, und gerne stellen wir sie ganz in deinen Dienst. Heilige sie und die Arbeit, für die wir sie einsetzen; dulde nicht, daß wir träge sind, sondern hilf uns, daß wir uns stets eifrig bemühen. Bewirke mit deinem Segen, O Herr, daß unser Fleiß in uns die Früchte echter Weisheit heranreifen läßt. Stärke unsere geistigen Fähigkeiten und gib uns Gelegenheit,

von ihnen Gebrauch zu machen, doch erinnere uns stets daran, sie nur zu deinem Ruhm und für dein Königreich einzusetzen. Bewahre uns vor Stolz und Eitelkeit und davor, daß wir uns auf unsere eigene Macht und unsere eigene Weisheit verlassen. Lehre uns, nach der Wahrheit zu suchen, und hilf uns, sie zu finden. Doch sorge dafür, daß wir die Wahrheit immer nur liebevoll aussprechen – daß wir nicht nur weltliche Dinge kennen, sondern vor allem dich kennen und von dir erkannt werden, durch Jesus Christus, deinen Sohn. Erfülle uns heute mit dem Heiligen Geist, damit wir in Geist und Körper ganz die Deinen sind, mit all unseren Mühen und all unseren Freuden, durch Jesus Christus, deinen Sohn, unseren Herrn. Amen.
THOMAS ARNOLD 1795–1842

◇◇◇

Allmächtiger Gott, nach dessen Willen alle heiligen Schriften geschrieben und zu unserer Unterweisung bewahrt wurden, gewähre uns die Gnade, diese Schriften täglich geduldig und mit Liebe zu studieren. Stärke unsere Seelen durch die Erfülltheit deiner göttlichen Lehren. Bewahre uns vor Stolz und Überheblichkeit. Hilf uns, die großen Lehren deiner himmlischen Weisheit zu begreifen. Und führe uns, in deiner unendlichen Gnade, mit deinem Wort in

das ewige Leben, durch Jesus Christus, unseren Erlöser. Amen.
BROOKE FOSS WESTCOTT 1825–1901

✧✧✧

Dieses positive Gebet habe ich selbst viele Male gesprochen:

Herr, erinnere mich stets daran, daß ich mit deiner Hilfe allem gewachsen bin, was heute geschehen mag.
ANONYM

✧✧✧

Vater, ich bin darauf angewiesen, daß du mich Tag für Tag unterweist, gemäß den Möglichkeiten und Erfordernissen eines jeden Tages. Meine Ohren sind verstopft, so daß ich deine Stimme nicht hören kann; meine Augen sind trübe, so daß ich deine Zeichen nicht sehen kann. Du allein kannst mir Gehör und

Blick schärfen und mein Herz reinigen und erneuern. Lehre mich, dir zu Füßen zu sitzen und deiner Stimme zu lauschen. Amen.
JOHN HENRY NEWMAN 1801–1890

✧ ✧ ✧

Der Tag kehrt zurück und mit ihm unsere kleinliche Routine aus ärgerlichen Sorgen und Pflichten. Hilf uns, unseren Mann zu stehen, hilf uns, diesen Pflichten lachend und mit freundlichen Gesichtern nachzukommen. Laß unsere Fröhlichkeit so groß sein wie unser Fleiß. Erlaube es uns, den ganzen Tag hindurch unbekümmert unseren Geschäften nachzugehen und abends müde, zufrieden und nicht entehrt ins Bett zu sinken. Und gewähre uns am Ende das Geschenk eines erholsamen Schlafes.
ROBERT LOUIS STEVENSON 1850–1894

✧ ✧ ✧

Gib uns heute, Herr, ein starkes und lebhaftes Gefühl dafür, daß du an unserer Seite bist. Bewahre uns durch deine Gnade davor, heute irgendwohin zu gehen, wohin du uns nicht begleiten kannst, oder Gesellschaft zu suchen, die uns deiner Nähe berauben würde. Durch Jesus Christus, unseren Herrn. Amen.
PETER MARSHALL 1902–1949

◇ ◇ ◇

Herr, für die Nöte von morgen
Bete ich nicht;
Doch beschütze, führe und liebe mich, Herr,
Am heutigen Tag.
ANONYM

2

Zu den Mahlzeiten

In vielen Familien ist es üblich, vor den Mahlzeiten ein Dankgebet zu sprechen, aber ich frage mich, ob wir uns wirklich Gedanken über die Bedeutung eines solchen Gebetes machen.

Was ist die größte Macht im Universum? Ist es die enorme Gewalt der Hurrikane, der Tornados, der Sturmfluten, der Erdbeben oder der explodierenden Vulkane? Das alles sind kolossale Manifestationen der Naturgewalten, doch sie sind nicht die größte Macht im Universum.

Ist es jene immense Energie, die sich im Atomkern verbirgt? Auch das ist ein großes Wunder, doch wenn man bedenkt, daß dieser Planet bloß ein Staubkorn in der Weite des Alls ist, stellen sämtliche menschlichen Errungenschaften auf dem Gebiet der Atomenergie lediglich ein winziges Rauchwölkchen in dieser unendlichen kosmischen Weite dar.

Was also ist dann die größte Macht im Universum? Ich glaube, es ist jener Mechanismus, durch den menschliche Wesen auf der Erde Verbindung mit dem allmächtigen Schöpfer aufnehmen und an seiner Energie teilhaben können, eine Kommunikation zwischen dem großen Gott, der die Sterne über den unendlichen Nachthimmel verstreute, und den Menschen, jenen Geschöpfen, die er nach seinem Ebenbild erschuf. Dieser Mechanismus ist das Gebet.

Nun, vielleicht enttäuscht es Sie, wenn ich so etwas sage, weil für Sie Gebete nichts als fromme Worte sind. Vielleicht glauben Sie, Gebete seien lediglich wohlklingende Sätze aus einem Buch, oder die hohle Phrasendrescherei eines Priesters, oder das panische Flehen um Rettung in letzter Minute während einer Notlage. Dabei handelt es sich jedoch um abergläubische Formen dieser Art der Kommunikation. Wenn die Gebets-Kommunikation wirklich aktiviert wird und frei durch den Kanal zwischen Gott und den Menschen fließt, dann hat sie die Kraft, die Menschen zu verwandeln.

Dieses Gebet betete ich, wenn ich bei Juden zu Gast war, und fühlte mich dadurch gesegnet:

Gepriesen seist du, O Herr, unser Gott, König des Universums, der du das Brot hervorbringst aus der Erde.
TRADITIONELLES JÜDISCHES TISCHGEBET

◇◇◇

Hier ist ein von mir häufig benutztes Tischgebet:

Lehre uns, gütiger Gott, dir zu dienen,
wie du es verdienst;
zu geben, ohne eine Gegenleistung zu fordern;
zu kämpfen, ohne unsere Wunden zu zählen;
zu arbeiten, ohne auszuruhen;
uns zu bemühen, ohne nach Belohnung zu streben,
und gib uns die Gewißheit, daß wir so nach deinem
Willen handeln.
IGNATIUS VON LOYOLA 1491–1556

◇◇◇

Benedictus benedicat ist ein kurzes römisch-katholisches lateinisches Tischgebet. Es bedeutet:

»Möge der Gesegnete seinen Segen geben.«

✧ ✧ ✧

Gepriesen sei Gott, der Ursprung aller Segnungen;
Preist Ihn, all ihr Geschöpfe auf Erden;
Preist Ihn, hoch oben in den Himmeln;
Preist den Vater, den Sohn und den Heiligen Geist.
Amen.
THOMAS KEN 1637–1711

✧ ✧ ✧

Ich rate Ihnen sehr, ein Tischgebet zu sprechen. Sie fördern damit die spirituelle Komunikation und tragen so zum Wohl aller am Tisch bei.

Sei heute unser Tischgast, Herr,
Sei hier und überall geehrt,
Segne deine Geschöpfe und erlaube uns,
Im Paradies mit dir zu tafeln.
JOHN WESLEY 1703–1791

✧ ✧ ✧

Dieses schottische Gebet von Robert Burns ermutigt uns zur Dankbarkeit:

Manche haben Fleisch und können nicht essen,
Manche müssen hungern und äßen so gern;
Doch wir haben Fleisch und können es essen,
Und gepriesen sei Gott, der es uns schenkt.
ROBERT BURNS 1759–1796

3

Zur Schlafenszeit

Vor kurzem entdeckte ich eine der wirkungsvollsten Gebetstechniken. Ich war früh ins Bett gegangen und schon um drei Uhr morgens wieder aufgewacht. Ich sagte den dreiundzwanzigsten Psalm ein halbes dutzendmal auf und zählte Schafe, doch es gelang mir nicht, wieder einzuschlafen. Um vier Uhr stand ich schließlich auf und ging in meine Bibliothek, wo mein Blick auf einen wunderschön geschnitzten Adler fiel, den ich in der Schweiz gekauft hatte. Er wurde von einem der alten Schweizer Holzschnitzer aus einem einzigen Block geschnitzt und ist ein wirkliches Kunstwerk. Der Adler hat die Flügel ausgebreitet, als wollte er sich in die Luft schwingen. Während ich den Adler betrachtete, zitierte ich laut eine Passage aus der Schrift: *»Die auf den HERRN harren, kriegen neue Kraft, daß sie auffahren mit Flügeln wie Adler, daß sie laufen und nicht matt werden, daß sie wandeln und nicht müde werden.«* Jesaja, 40,31.

Das ließ mich an einen Freund denken, einen Pfarrer, der immer, wenn er spirituellen Beistand benötigt, in seiner Kirche zwischen den leeren Sitzreihen hindurchgeht. Er legt die Hände auf die Bänke, wo während der Gottesdienste bestimmte Personen sitzen, nennt ihre Namen und betet für sie. Dieser Pfarrer sagt, daß diese Handlung ein großer Segen für ihn selbst und auch für die Menschen ist, für die er betet. Angeregt durch das Beispiel meines Freundes, begann ich, als ich so früh am Morgen dort allein in meiner Bibliothek war, alle Menschen zu visualisieren, für die ich beten wollte.

Der erste Mensch, für den ich betete, war meine Frau Ruth. Dann betete ich für meine drei Kinder und ihre Ehegatten, dann für meine acht Enkelkinder. Ich betete für alle meine Verwandten. Dann betete ich für die Mitglieder unserer Kirche, angefangen bei den Mitarbeitern. Ich betete für die anderen Geistlichen. Ich betete für alle Sekretärinnen. Dann betete ich nacheinander für alle Kirchenältesten und Diakone. Dann visualisierte ich die Gemeinde in der Kirche und betete für jeden, dessen Name mir einfiel. Dann betete ich für die Portiers unseres Apartmenthauses und für alle anderen Menschen, zu denen ich irgendwie in Verbindung stand.

Ich muß für fünfhundert Menschen gebetet haben, wobei ich jeden von ihnen namentlich erwähnte. Inzwischen war es sechs Uhr morgens. Ich fühlte mich plötzlich so gut wie schon seit Jahren nicht mehr. Ich war voller Energie, und grenzenloser Enthusiasmus durchströmte mich. Um nichts in der Welt hätte ich mich wieder ins Bett legen wollen.

Nach einem riesigen Frühstück ging ich in die Kirche, predigte und schüttelte mehreren hundert Menschen die Hand. Dann hielt ich am Mittag bei einem Empfang eine Rede und nahm danach einen Nachmittagstermin wahr. Abends um elf Uhr war ich immer noch voller Kraft, und kein bißchen müde! Ein solches Übermaß an Energie erstaunte mich, und zugleich fühlte ich mich außerordentlich belebt.

Ich verstehe nicht genug von Psychologie, um erklären zu können, was genau mit mir geschah. Ich vermute, daß ich mich selbst überwand. Ich war so damit beschäftigt, all diese anderen Menschen zu lieben, für sie zu beten und ihre Bürde auf mich zu nehmen, daß ich mich selbst darüber völlig vergaß. Doch das zog mich keineswegs nach unten, im Gegenteil, es verlieh mir Flügel! Ich war glücklich und vergnügt. Ich fuhr tatsächlich auf mit Flügeln wie ein Adler.

Jetzt wiederhole ich immer, wenn ich mich niedergeschlagen fühle, dieses Gebetsverfahren. Ich berichte Ihnen von diesem Erlebnis, um Ihnen zu zeigen, wie Sie nicht nur anderen durch Ihr Gebet helfen, sondern zugleich auch wunderbares neues Leben für sich selbst erlangen können.

Ich mag dieses alte Gebet, denn wer von uns wäre nicht schon erschöpft zu Bett gegangen?

Sei bei uns, O gnädiger Gott, und beschütze uns während der stillen Stunden dieser Nacht, damit wir, die wir erschöpft sind von den Wirrnissen und Wandlungen dieser vergänglichen Welt, Ruhe finden in deiner ewigen Unwandelbarkeit.
LEONINISCHES SAKRAMENTAR A. D. 450

✧ ✧ ✧

Dank dir, mein Herr Jesus Christ,
Für alles Gute, das du mir schenkst,
Für alle Schmerzen, die du mir aufládst.
O gnädiger Erlöser, mein Vater und Bruder,
Laß mich dich klarer erkennen, dich tiefer lieben,
Und dir noch eifriger nachfolgen,
Tag für Tag.
RICHARD VON CHICHESTER 1197–1253

✧ ✧ ✧

Dieses alte Gebet wird Ihnen helfen, ganz gleich, ob Sie nun am nächsten Morgen wiedergeboren werden oder Ihre Seele in der Nacht davongetragen wird.

Ein Gebet zur Schlafenszeit
Lukas, Johannes und Matthäus
Segnen das Bett, wo ich schlafen muß.
Mein Bett hat Ecken vier,
Vier Engel sind bei mir,
Einer betet, einer beschützt diesen Ort,
Und zwei tragen meine Seele fort.
MÜNDLICH ÜBERLIEFERT

✧ ✧ ✧

Jetzt lege ich mich zum Schlafen hin,
Und bitte Gott, meine Seele zu behüten.
Sollte ich sterben, ehe ich aufwache,
Bitte ich Gott, meine Seele zu sich zu nehmen.
Gott segne alle, die ich liebe,
Und alle, die mich lieben.
TRADITIONELLES GEBET

✧ ✧ ✧

Lieber Jesus, halte Wacht
Bei diesem Kindlein in der Nacht;
Ich bin so einfältig und klein,
Laß du mich bitte nicht allein.
Und bitte segne meinen Vater
Und meine Mutter und . . .

TRADITIONELLES KINDERGEBET

✧ ✧ ✧

Herr, laß mich in meinem Leben
Den anderen alles geben,
So daß ich auch noch im Gebet
Stets nur an andere denke.

Hilf, daß ich durch all meine Werke
Beständig den Glauben stärke,
Daß ich nur etwas für Dich, Herr, tue,
Wenn ich gut an anderen handle.

Und wenn mein letzter Tag auf Erden verrinnt,
Und meine neue Arbeit im Himmel beginnt,
Will ich vergessen die Krone, die ich errang,
Und weiter nur an die anderen denken.

Die anderen, ja, Herr, die anderen,
Das soll mein Motto sein –
Hilf mir, für andere zu leben,
Denn nur dann lebe ich für Dich.
C. C. MEIGS 1792–1869

◇ ◇ ◇

Gib, Vater, daß wir uns in Frieden niederlegen und uns voller Lebensfreude wieder erheben. Breite über uns die Decke Deines Friedens aus, führe uns mit Deinem guten Rat und behüte uns um Deines Namens willen. Sei ein Schild über uns, der alle Feinde, Krankheiten, Gewalt, Hunger und Sorgen von uns fernhält. Beschütze uns unter Deinen Schwingen, denn Du bist ein Gott, der uns bewacht und behütet, ein barmherziger und mitfühlender Herrscher. Wache über uns, wenn wir aus dem Haus gehen und wenn wir wieder zurückkehren, damit wir uns des Lebens und des Friedens erfreuen können, jetzt und in Ewigkeit. Und breite über uns den Schirm Deines Friedens aus. Gepriesen seist Du, Herr, der Du den Schirm des Friedens über uns ausbreitest, über Deinem Volk Israel, und über der ganzen Welt.
JÜDISCHES GEBET

◇ ◇ ◇

Wir flehen Dich an, Herr, erhelle unsere Dunkelheit. Und bewahre uns in Deiner große Barmherzigkeit vor allen Gefahren dieser Nacht, um der Liebe Deines einzigen Sohnes willen, unseres Erlösers Jesus Christus.
AUS EINEM CHRISTLICHEN GEBETBUCH

◇◇◇

Mein Freund Kenneth Giniger hat mich darauf hingewiesen, daß es auch ein Gebet sein kann, jemandem eine gute Nacht zu wünschen:

Gute Nacht. Mögen Engel deinen Schlaf behüten.
KENNETH SEEMAN GINIGER 1919–

4

In Zeiten der Not

Es ist wichtig, sich klarzumachen, daß ein Gebet nicht bloß darin besteht, in devoter Haltung ein paar fromme Worte herzusagen. Es muß schon tiefer gehen. Die meisten Menschen beten nicht wirklich aus der Tiefe ihres Herzens; und deshalb bewirken ihre Gebet auch nichts. Für mich gibt es keinen Zweifel: Je tiefer die emotionale Beteiligung bei einem Gebet, desto bemerkenswerter die Resultate.

Ein Freund erzählte mir einmal von einer jungen Amerikanerin, die sich mit ihrem Baby ganz allein in einer Kleinstadt in Frankreich befand. Sie war gerade dorthin gereist, um ihren Mann zu besuchen, der dort Repräsentant eines amerikanischen Unternehmens war. Sie sprach kein Französisch, und sie kannte dort niemanden.

Gleich nach ihrer Ankunft wurde ihr Mann zu einer wichtigen Konferenz in die USA gerufen, die seine mehrtägige Abwesenheit erforderte. Kurz nach seiner Abreise erkrankte das Baby an einer akuten Atemwegsinfektion. Das Fieber des Kindes stieg rasch.

Am Abend wurde die Atmung des Kindes immer mühsamer. Nichts, was die Mutter versuchte, vermochte ihm Linderung zu verschaffen. Sie wurde immer besorgter. Das Haus lag sehr einsam. Mit dem Telefon kam sie nicht zurecht. Selbst wenn sie den Namen eines Arztes gewußt hätte, wäre sie nicht in der Lage gewesen, sich verständlich zu machen.

In den nächsten Stunden ging sie unruhig hin und her, das Baby auf den Armen haltend. Tränen innerer Qual liefen ihr über das Gesicht. Gegen Mitternacht stieg das Fieber des Kindes so sehr, daß es Krämpfe bekam, und jeder, der dabei schon einmal Zeuge war, weiß, wie schrecklich es ist, das mitansehen zu müssen.

Die Mutter war überzeugt, daß ihr Kind im Sterben lag. Sie fiel neben dem Bett auf die Knie, schloß die Augen und rief: »O Gott, mein Baby stirbt. Bitte, bitte, höre mich an! Ich brauche deine Hilfe. Ich brauche sie jetzt. Rette mein Baby, Herr; ich weiß, du kannst es. Ich glaube, daß du es kannst. Ich flehe dich an, es zu tun! Jetzt. In diesem Augenblick. Sofort! Bitte, lieber Gott! In Jesu Namen. Jetzt, Herr! Jetzt!«

Sie hatte das Gefühl, daß dieses Gebet aus dem Innersten ihrer Seele aufgestiegen war. Eine lähmende Stille lastete auf dem Zimmer. Und in dieser Stille hörte sie plötzlich einen leisen, seufzenden Laut. Es war ihr Baby, das wieder normal atmete. Sie öffnete die Augen und betrachtete das Gesicht ihres Kindes. Die Röte des Fiebers war verschwunden. Das Kind schlief so friedlich, als ob nichts geschehen wäre.

Doch es war etwas geschehen. Die Intensität des Gebetes der Mutter hatte alle Hindernisse überwunden und das große mitfühlende Herz des Unendlichen berührt. Es öffnete einen Kanal für die unendliche Macht. Und als diese Macht durch den Kanal strömte, besiegte sie die Krankheit, die das Kind plagte.

»Ich glaube, daß du es kannst«, hatte die Mutter gesagt. Glaube. Er war das entscheidende Element. Dieses eine Wort machte das Außerordentliche möglich. Eine Mutter kämpfte um das Leben ihres Kindes. Sie betete für das Kind und wandte sich verzweifelt an die höchste aller Gewalten – an die Macht von Jesus Christus.

Aber, mögen Sie einwenden, ich kenne Fälle, in denen Menschen bei schwerer Krankheit aufrichtig und eindringlich beteten, ohne daß eine sofortige Heilung eintrat. Ich habe dafür auch keine Erklärung. Ich sage lediglich, daß manche Gebete wirkungsvoller als andere zu sein scheinen. Und wenn das Wunderbare geschieht, wurde zuvor oft mit großer Intensität – oder innerer Anteilnahme – gebetet. Auch ist dabei immer der Glaube im Spiel, der wirkliche Glaube, der stärker ist als alle Zweifel.

Ein Hilferuf für Notsituationen:

Aus der Tiefe rufe ich, HERR, zu dir. Herr, höre meine Stimme!
PSALM 130,1

✧ ✧ ✧

Für alle, die gerade von großen Sorgen geplagt werden, und wer von uns wäre noch nie in einer solchen Situation gewesen?

Mein Vater, ist's möglich, so gehe dieser Kelch an mir vorüber; doch nicht wie ich will, sondern wie du willst!
MATTHÄUS 26,39

✧ ✧ ✧

Ich habe festgestellt, daß das folgende einfache Gebet sehr wirkungsvoll ist, wenn man dringend Hilfe benötigt:

Lieber Gott, sei gut zu mir; das Meer ist so groß, und mein Boot ist so klein.
EIN BRETONISCHER FISCHER

✧ ✧ ✧

Herr, wir bitten nicht um Frieden, auch nicht darum, daß unsere Leiden ein Ende haben mögen. Wir bitten um deinen Geist und deine Liebe; schenke uns die Kraft und die Gnade, alle Not zu überwinden. Amen.
GIROLAMO SAVONAROLA 1452–1498

◇◇◇

Lady Jane Grey (Jane Dudley), für nur neun Tage Königin von England, schrieb dieses Gebet, während sie im Tower von London auf ihre Hinrichtung wartete. Sie war siebzehn, als sie starb.

O barmherziger Gott, sei du mir jetzt eine feste Burg, darum bitte ich dich flehentlich und demütig. Gewähre mir die Gnade, daß ich geduldig ertrage, was du für mich vorgesehen hast; ich bin weit davon entfernt, deine Güte anzuzweifeln oder ihr zu mißtrauen; denn du weißt besser als ich, was gut für mich ist. Verfahre daher in allen Dingen so mit mir, wie du es willst; doch wappne mich, darum flehe ich, mit deiner Rüstung, damit ich standhaft bleibe; vor allem bitte ich um den Schild des Glaubens; ich bete unablässig, daß ich mich ganz deinem Willen anvertraue, erdulde, was deinem Wohlgefallen entspricht,

und mich damit tröste, daß die Prüfungen, die du mir zu senden beliebst, letztlich zu meinem eigenen Besten sind; und ich bin fest überzeugt, daß alles, was du tust, gut sein muß; und dir allein gebühren alle Ehre und aller Ruhm.
JANE DUDLEY 1537–1554

✧ ✧ ✧

O mein Gott, schaue nicht auf unsere Sünden, sondern verwende uns zum Ruhme deines großen Namens, und erbarme dich in deiner Güte jener, die dir geweiht sind. Vergib mir, deiner unwürdigen Dienerin, wenn ich zu beharrlich gewesen sein sollte in meinen Bestrebungen. Nicht mein Wille, sondern dein Wille geschehe in allen Dingen.
MARIA II., KÖNIGIN VON ENGLAND, 1662–1694

✧ ✧ ✧

Ich habe es oft als Segen empfunden, dieses Gebet von Samuel Johnson still vor mich hinzusagen.

Allmächtiger und barmherziger Vater, Schöpfer und Hüter der Menschheit, blicke mit Mitgefühl herab auf meine Sorgen und Leiden. Heile meinen Körper, stärke meinen Geist, kläre meine Verwirrtheit, besänftige meine Ruhelosigkeit und befreie mich von meinen Ängsten, damit ich den Weg, den du für mich bereitet hast, friedlich, mit Geduld, Beständigkeit und Vertrauen bis zu Ende gehe. Erhöre diese Bitte, Herr, nimm den Heiligen Geist nicht von mir, sondern vergib mir und segne mich, unserem Herrn Jesus Christus zum Wohlgefallen. Amen.
SAMUEL JOHNSON 1709–1784

✧✧✧

O du, auf den alle meine Väter vertrauten und von dem sie nicht in Verwirrung gestürzt wurden, befreie mein Herz jetzt von allen unnützen Sorgen und lähmenden Ängsten. Schenke mir einen fröhlichen und entschlossenen Geist. Laß mich Frieden finden, indem ich nach deinem Willen handle und Christus ehre. Amen.
JOHN BAILLIE 1762–1851

✧✧✧

Das folgende Gebet entstand während des Zweiten Weltkriegs, Weihnachten 1943, für Mithäftlinge:

O Heiliger Geist, gib mir einen Glauben, der mich vor Verzweiflung, Zorn und Bosheit bewahrt; gib mir eine solche Liebe zu Gott und den Menschen, daß dadurch aller Haß und alle Bitterkeit ausgelöscht werden; gib mir eine Hoffnung, die mich von Furcht und Feigheit befreit.
DIETRICH BONHOEFFER 1906–1945

◇ ◇ ◇

Heile du uns, Herr, dann sind wir geheilt; rette du uns, dann sind wir gerettet; denn du bist es, den wir preisen. Sende uns Linderung und Heilung für alle unsere Krankheiten, unsere Leiden und unsere Wunden; denn du bist ein barmherziger und vertrauenswürdiger Heiler. Gesegnet seist du, Herr, der die Kranken heilt.
TRADITIONELLES JÜDISCHES GEBET

◇ ◇ ◇

Hier ist ein Auszug aus einem längeren Gebet, das den Titel »Klage aus Afrika« trägt:

Mein Gott, mein Gott, warum hast du mich
verlassen?
Unser Gott, unser Gott, warum hast du uns
verlassen?
Mein Gott, unser Gott, mein Vater, unser Vater,
Wann werden wir endlich verstehen?
Wann werden sie endlich verstehen?
DESMOND TUTU 1931–

◇ ◇ ◇

5

Für das Jenseits

Wenn wir über das Jenseits nachdenken, denken wir dabei meistens auch über unser Verhältnis zum Herrn nach.

Das Gebet war schon immer der wirkungsvollste Weg, unserem Herrn Jesus Christus näherzukommen. Während einer Englandreise besuchten Ruth und ich einmal jenen Ort im Lake District, wo William Wordsworth sein Gedicht »Die Osterglocken« geschrieben haben soll. Wordsworth sagte, daß er sich an so schönen Orten vorzustellen pflegte, daß Jesus tatsächlich bei ihm war. Er zitierte dann einige Worte Jesu und überlegte: »Wie wird seine Stimme wohl geklungen haben, als er diese Worte sprach?« Dann »lauschte« Wordsworth darauf, wie die Stimme Jesu wohl geklungen hatte, wie ihre Tonqualität und ihr Ausdruck gewesen waren. Dann fragte er sich: »Welchen Gesichtsausdruck wird er wohl gehabt haben, als er diese Worte äußerte?« Auf diese Weise gelangte der Dichter zu einem Gefühl für die tatsächliche Gegenwart Jesu.

Mir gefällt diese Gebetsmethode, und ich habe

schon oft mit guten Resultaten von ihr Gebrauch gemacht. Das Gebet ist eine mächtige Kraft, durch die sich das Leben des Menschen, der sie nutzt, völlig verändern kann. Ja, die Gebetskraft ist so groß, daß wir mit ihr das Leben anderer Menschen zum Besseren wenden können. In ihrer Gesamtwirkung kann diese Kraft sogar die Welt verändern.

Ich liebe alte Gebete ebensosehr wie neue. Die Worte sind anders, doch das Bedürfnis ist ähnlich und der Glaube der gleiche.

Ich bitte dich, edler Jesus, so wie du es mir gnädig gestattet hast, deine weisen Worte in mich aufzunehmen, gewähre mir in deiner Mildtätigkeit auch, zu dir zu kommen, der Quelle aller Weisheit, und für immer in deiner Gegenwart zu leben.
DER EHRWÜRDIGE BAEDA 673–735

◇ ◇ ◇

Gott sei in meinem Kopf, und in meinem Verstehen;
Gott sei in meinen Augen, und in meinem Schauen;
Gott sei in meinem Mund, und in meinem Sprechen;
Gott sei in meinem Herzen, und in meinem Denken;
Gott sei an meinem Ende, und in meinem Dahinscheiden.
GEBETSTEXT AUS OLD SARUM

◇ ◇ ◇

Für Katholiken ist dieses Gebet der wichtigste Bestandteil der Gebetsreihe des Rosenkranzes:

Gegrüßet seist du, Maria, voll der Gnade, der Herr ist mit dir. Du bist gebenedeit unter den Frauen, und gebenedeit ist die Frucht deines Leibes, Jesus. Heilige Maria, Mutter Gottes, bitte für uns Sünder jetzt und in der Stunde unseres Todes. Amen.
AVE MARIA, um 1350

◇ ◇ ◇

Herr, überantworte mich weder meiner menschlichen Ignoranz und Schwäche noch meinen persönlichen Verdiensten, sondern handle an mir ausschließlich nach den Maßstäben deiner Liebe. Verfahre mit mir, meinen Gedanken und Handlungen nach deinem Wohlgefallen, so daß dein Wille stets von mir, in mir und um mich herum erfüllt wird. Befreie mich von allem Bösen und führe mich in das ewige Leben im Herrn.
SANKT ANSELM 1033–1109

◇ ◇ ◇

O Gott, Beschützer von allen, die auf dich vertrauen, ohne den nichts stark und nichts heilig ist; gewähre uns großzügig die Gnade, daß wir, mit dir als Führer und Lenker, das Vergängliche durchschreiten, ohne dabei die Ewigkeit zu verlieren. Erfülle uns diese Bitte, O himmlischer Vater, im Namen unseres Herrn Jesus Christus.
THOMAS CRANMER 1489–1556

✧ ✧ ✧

Unser Gott ist Liebe und wird uns in jedem Fall wiedererwecken.

Was wir besitzen, nimmt die Zeit uns fort,
Raubt uns die Jugend, nimmt uns alle Freuden,
Und lohnt's uns nur mit Alter und mit Staub,
Der in der stummen Dunkelheit des Grabes,
Wenn wir gewandert sind all unsre Wege,
Zudeckt die Geschichte unsres ganzen Lebens;
Doch aus dieser Erde, diesem Grabe, diesem Staub,
Wird auferwecken mich mein Gott, Er,
  meine Zuversicht!
SIR WALTER RALEIGH 1554–1618

✧ ✧ ✧

Dieses Gebet sollte man sprechen, wenn sich Todesgedanken einstellen:

Führe uns, barmherziger Gott, und lenke uns durch deinen Geist, auf daß wir schon hier ganz mit dir vereinigt sind und auch dann nicht von dir getrennt werden, wenn du uns aus dieser Welt abberufst, sondern vereint in deine Herrlichkeit eingehen, durch Jesus Christus, unseren Herrn und Retter.
JOHN WESLEY 1703–1791

✧ ✧ ✧

Eine wunderschöne Hymne, und zugleich auch ein Gebet:

Führe du mich, heiliges Licht, durch die Dunkelheit;
Erhelle meinen Weg;
Die Nacht ist finster, und nach Hause ist's noch weit;
Führe du mich nun.
Beleuchte meine Schritte; weit voraus brauche ich
Nicht mehr zu sehen; den nächsten Schritt zu sehn genügt.

So dachte ich nicht immer, und betete nicht, daß du
Mich führen solltest;
Es gefiel mir, selbst den Weg zu wählen und zu sehen,
Doch jetzt führe du mich.

Ich liebte billige Vergnügen und, trotz meiner Furcht,
Beherrschte mich mein Stolz; doch das ist nun
vorbei.

So lange schon beschützt mich deine Macht, gewiß
Führt sie mich weiterhin.
Durch Moore und Marschen, um Klippen und
Untiefen, bis die Nacht vorüber ist,
Und am Morgen lächeln jene Engelsgesichter,
die ich
früher schon liebte, doch für einige Zeit verlor.
JOHN HENRY NEWMAN 1801–1890

✧ ✧ ✧

Ich mag dieses kurze Gebet. Es erinnert uns daran, daß Gott immer bei uns ist:

Herr, eines Tages werde ich mit dir dort leben, wo du bist. Bitte lebe du jetzt mit mir dort, wo ich heute bin.
JOHN MASON NEALE 1818–1866

✧ ✧ ✧

Dieses Gebet erinnert uns daran, daß wir für alle Zeiten ihm gehören:

Herr, du, der du mir die Kräfte für meine Arbeit schenkst, gib auch, daß die Arbeit meine Kräfte nicht übersteigt. Während ich lebe, laß mich für dich leben; wenn ich sterbe, laß mich in dir sterben. Im Leben und im Tode, ich gehöre dir.
JOHN MASON NEALE 1818–1866

✧ ✧ ✧

Hier ist eines der schönsten Gebete, die Gott je dargeboten wurden, und eines meiner Lieblingsgebete:

Möge Er uns den ganzen Tag über beistehen, bis die Schatten länger werden, der Abend kommt und die geschäftige Welt verstummt, das Fieber des Lebens vorüber und unsere Arbeit getan ist. Dann möge Er in seiner Güte uns eine sichere Wohnstatt, heilige Ruhe und erlösenden Frieden schenken.
JOHN HENRY NEWMAN 1801–1890

✧ ✧ ✧

Eine der größten Hymnen, die je geschrieben wurden, ein großartiges Gebet:

Bleibe bei mir; die Nacht kommt rasch;
Finsternis hüllt mich ein; Herr, bleibe bei mir.
Wenn andere Helfer, andere Tröstungen mich fliehen,
Helfer der Hilflosen, O verlasse du mich nicht.

So rasch geht des Lebens kurzer Tag dahin;
Irdische Freuden schwinden, aller Ruhm verblaßt;
Ringsum erblicke ich nur Wandel und Verfall;
O du einzig Ewiger, verlasse du mich nicht.

Ich brauche in jeder Stunde deine Gegenwart;
Was außer deiner Gnade nimmt dem Versucher seine Macht?
Wer, wenn nicht du, kann mein Führer, meine Stütze sein?
In Sonnenschein und Regen, Herr, verlasse du mich nicht.

Halte dein Kreuz vor meine versagenden Augen;
Erhelle die Finsternis und weise mir den Weg zum Himmel;
Der himmlische Tag bricht an, und die irdischen Schatten fliehen;
Im Leben, im Tod, O Herr, verlasse du mich nicht.
H. F. Lyte Warren 1847

◊ ◊ ◊

Allmächtiger Vater, in dessen Händen unser Leben liegt: Wir vertrauen uns ganz dem Schirm deiner Liebe an. In deinem Willen liegt unser Friede. Im Leben oder im Tode, in dieser Welt oder in der nächsten, behüte uns, damit wir uns ganz dir anvertrauen können; durch Jesus Christus, unseren Herrn.
WILLIAM TEMPLE,
ERZBISCHOF VON CANTERBURY 1891–1944

◇ ◇ ◇

Dies ist der Weg des Lebens – des Glaubens:

O Herr, du hast uns sehr klein geschaffen, und wir bringen unsere Jahre zu Ende wie eine Geschichte, die jemand erzählt; hilf uns, nie zu vergessen, daß hinter unseren kurzen Tagen die Ewigkeit deiner Liebe steht.
REINHOLD NIEBUHR 1892–1971

◇ ◇ ◇

Wenn wir einen geliebten Menschen verloren haben, bedürfen wir des Gebetes. Wie so viele andere mußte auch ich »Lebewohl« und »Bis wir einander wiedersehen« sagen. Die erste, die in den Himmel heimkehrte, war Mutter, dann ging Vater, dann meine beiden Brüder. Bei allen diesen Anlässen wurden die folgenden Gebete und Psalmen aus der Liturgie der Vereinigten Methodistischen Kirche gelesen, die mir heiligen Trost spendeten.

Jesus sagte: Ich bin die Auferstehung und das Leben. Wer an mich glaubt, wird leben, obwohl er tot war. Und wer lebt und an mich glaubt, wird nie sterben.

Der ewige Gott ist deine Zuflucht, und unter dir sind die ewigen Arme.

Der Herr ist mein Licht und meine Rettung; wen sollte ich fürchten? Der Herr ist die Stärke meines Lebens; vor wem sollte ich Angst haben?

Die Rechtschaffenen leben ewig, und der Höchste sorgt für sie. Er wird Seine rechte Hand über sie halten, und Sein Arm wird ein Schild vor ihnen sein.

Denn mag auch der Tempel unseres irdischen Leibes zerfallen, so besitzen wir doch ein Haus Gottes, das nicht von Menschenhand erschaffen wurde und auf ewig im Himmel ist.

Allmächtiger Gott, Quelle allen Lebens, Du bis unsere Zuflucht und unsere Stärke, Du bist unsere Hilfe in der Not. Bewirke, darum bitten wir Dich, daß wir Dir ganz und gar vertrauen können, daß wir getröstet werden und uns in dieser wie in allen anderen schweren Stunden geholfen wird; durch Jesus Christus, unseren Herrn. Amen.

Allmächtiger Gott, unser Vater, von dem wir kommen und zu dem unsere Seelen zurückkehren, Du bist durch alle Generationen unsere Heimstatt gewesen. Du bist unsere Zuflucht und unsere Stärke, eine stets gegenwärtige Hilfe in der Not. Schenke uns in dieser Stunde Deinen Segen und mache, daß wir Dir ganz und gar vertrauen, auf daß unser Geist Ruhe findet und unsere Herzen getröstet werden. Hebe unseren Blick empor aus den irdischen Schatten und hilf uns, daß wir das Licht der Ewigkeit sehen. So mögen wir Trost und Kraft finden in dieser und allen anderen schweren Stunden; durch Jesus Christus, unseren Herrn. Amen.

✧ ✧ ✧

Der Herr ist mein Hirte,
mir wird nichts mangeln.
Er weidet mich auf einer grünen Aue
und führet mich zum frischen Wasser.
Er erquicket meine Seele.
Er führet mich auf rechter Straße um seines
Namens willen.
Und ob ich schon wanderte im finstern Tal,
fürchte ich kein Unglück;
denn du bist bei mir
dein Stecken und Stab trösten mich.
Du bereitest vor mir einen Tisch
im Angesicht meiner Feinde.
Du salbest mein Haupt mit Öl
und schenkest mir voll ein.
Gutes und Barmherzigkeit werden mir folgen mein
Leben lang,
denn ich werde wandeln im Hause des HERRN
immerdar.

PSALM 23

◊ ◊ ◊

Herr, du bist unsre Zuflucht für und für.
Ehe denn die Berge wurden
und die Erde und die Welt geschaffen wurden,
bist du, Gott, von Ewigkeit zu Ewigkeit.
Denn tausend Jahre sind vor dir
wie der Tag, der gestern vergangen ist,
und wie eine Nachtwache.
Du lässest sie dahinfahren wie einen Strom,
sie sind wie ein Schlaf,
wie ein Gras, das am Morgen noch sproßt,
das am Morgen blüht und sproßt
und des Abends welkt und verdorrt.
Lehre uns bedenken, daß wir sterben müssen,
auf daß wir klug werden.

PSALM 90, 1–2, 4–6 u. 12

◇ ◇ ◇

Euer Herz erschrecke nicht! Glaubet an Gott und glaubet an mich! In meines Vaters Hause sind viele Wohnungen. Wenn's nicht so wäre, würde ich dann zu euch gesagt haben: Ich gehe hin, euch die Stätte zu bereiten? Und wenn ich hingehe, euch die Stätte zu bereiten, so will ich wieder kommen und euch zu mir nehmen, damit ihr seid, wo ich bin. Und wo ich hingehe – den Weg wisset ihr.

Den Frieden lasse ich euch, meinen Frieden gebe ich euch. Nicht gebe ich euch, wie die Welt gibt. Euer Herz erschrecke nicht und fürchte sich nicht.
JOHANNES 14, 1–4 u. 27

✧ ✧ ✧

Zweiter Teil

Gebete für viele Anlässe

Mein alter Freund und Kollege Dr. Smiley Blanton, ein Psychiater, diskutierte mir mir einmal über die Wunder, die aus dem Wallfahrtsort Lourdes in Südfrankreich berichtet werden. Er hatte Berichte über angebliche Wunderheilungen gehört und beschlossen, sich an Ort und Stelle selbst ein Urteil zu bilden.

Er wollte die Vorgänge aus einer strikt wissenschaftlichen, objektiven, medizinischen Perspektive betrachten und ging dementsprechend vor. Er verbrachte mehrere Wochen dort, sprach mit Ärzten und mit Menschen, die in Lourdes Heilung gesucht und gefunden hatten, aber auch mit jenen, die nicht geheilt worden waren.

Was Dr. Blanton eigentlich suchte, war ein gemeinsamer Nenner, der auf alle diese Heilungen zutraf. Er fragte sich, ob es etwas gab, das für alle dort geheilten Personen charakteristisch war.

»Und, hast du eine Antwort gefunden?« fragte ich ihn.

Er dachte einen Moment nach, dann sagte er: »Alle diese Menschen waren geistig und emotional am absoluten Nullpunkt angekommen. Sie hatten jede Arznei, jede medizinische Behandlungsmethode ausprobiert, und keine davon hatte ihnen geholfen. Sie waren an dem Punkt angelang, wo sie sich sagten: ›Ich gebe auf. Ich kapituliere. Ich kann nicht mehr kämpfen. Ich weiß nicht mehr weiter.‹ Diese Situation des völligen Ausgeliefertseins an die Macht Gottes war offenbar die Voraussetzung für die anschließende Heilung. Fast scheint es, daß zuvor die

Kämpfe und verzweifelten Bemühungen des Patienten irgendwie den Fluß der heilenden Energie blokkierten.«

Ich bin überzeugt, daß diese Bereitschaft, sich widerstandlos dem Willen Gottes auszuliefern, eine weitere wichtige Vorbedingung für wirkungsvolles Beten ist. Vielleicht sollten wir nicht warten, bis wir sterbend oder halbtot sind, ehe wir demütig und mit Ehrfurcht sagen: »Ich kann die Last des Lebens nicht allein tragen. Ich bin hilflos ohne dich, Herr. Bitte nimm dich meiner Hilflosigkeit an und verleihe mir Stärke.«

Die Kraft des Gebetes ist jedem von uns zugänglich. Der Schlüssel liegt darin, daß Sie Ihren Geist, Ihre Pläne, Hoffnungen und Träume mit Gebeten nähren sollten. Lernen Sie, aus der Tiefe Ihres Herzens zu beten, mit der ganzen Kraft Ihres Glaubens. Seien Sie darauf gefaßt, daß dann große Dinge geschehen. Wunder sind möglich.

Seit mehr als dreizehnhundert Jahren bekräftigen viele Christen ihren Glauben mit diesem Gebet:

Ich glaube an Gott, den Vater, den Allmächtigen, den Schöpfer des Himmels und der Erde,

und an Jesus Christus, seinen eingeborenen Sohn, unsern Herrn, empfangen durch den Heiligen Geist, geboren von der Jungfrau Maria, gelitten unter Pontius Pilatus, gekreuzigt, gestorben und begraben, hinabgestiegen in das Reich des Todes, am dritten Tage auferstanden von den Toten, aufgefahren in den Himmel; er sitzt zur Rechten Gottes, des allmächtigen Vaters; von dort wird er kommen, zu richten die Lebenden und die Toten.

Ich glaube an den Heiligen Geist, die heilige katholische Kirche, Gemeinschaft der Heiligen, Vergebung der Sünden, Auferstehung der Toten und das ewige Leben. Amen.

APOSTOLISCHES GLAUBENSBEKENNTNIS, um 650

◇ ◇ ◇

Christus mit mir, Christus in mir,
Christus hinter mir, Christus vor mir,
Christus neben mir, Christus, mich zu gewinnen,
Christus, mich zu trösten und mich zu heilen.
Christus unter mir, Christus über mir,
Christus in der Stille, Christus in der Gefahr,
Christus in den Herzen aller, die mich lieben,
Christus im Mund von Freunden und von Fremden.
SANKT PATRICK um 385–461

◊ ◊ ◊

O Herr, von dem alles Gute kommt, gewähre uns, deinen demütigen Dienern, daß wir durch deine heilige Inspiration stets an das Gute denken, und durch deine gnadenreiche Führung stets nur Gutes tun, durch unseren Herrn Jesus Christus. Amen.
GELASIANISCHES SAKRAMENTAR 492

◊ ◊ ◊

O Gott, von dem alle heiligen Wünsche, aller guter Rat und alle gerechten Worte kommen, schenke uns jenen Frieden, den die Welt nicht geben kann.
MITTELALTERLICHES ENGLISCHES GEBETBUCH

◇◇◇

O Herr, unser Gott, gewähre uns die Gnade, dich mit ganzem Herzen begehren zu dürfen, auf daß unser Begehren uns zu dir führt, und wir dich lieben, und diese Liebe uns jene Sünden hassen läßt, die uns von dir trennen; um Jesu Christi willen. Amen.
SANKT ANSELM, 1033–1109

◇◇◇

Gott, gib mir, in deiner Güte, dich selbst; denn du bist genug für mich, und ich bitte um nichts anderes, als dich gänzlich verehren zu dürfen; und sollte ich weniger als das erbitten, lebte ich in ständigem Mangel: Denn nur in dir habe ich alles.
JULIAN VON NORWICH, um 1342–1416

◇◇◇

Und der Frieden Gottes, welcher größer ist als alle Vernunft, bewahre eure Herzen und Sinne in der Weisheit und Liebe Gottes und seines Sohnes Jesus Christus, unseres Herrn. Und der Segen des allmächtigen Gottes, des Vaters, des Sohnes und des Heiligen Geistes, sei mit euch immer und überall.
GEBETBUCH DER ANGLIKANISCHEN KIRCHE

✧ ✧ ✧

O Herr, demütig bitten wir dich, gewähre uns die Gnade, nicht nur dein Wort zu hören, sondern auch nach ihm zu handeln; deine Botschaft nicht nur zu lieben, sondern auch nach ihr zu leben; uns nicht nur zu deinen gesegneten Geboten zu bekennen, sondern sie auch zu befolgen, zu Ehren deines heiligen Namens.
THOMAS BECON 1513–1567

✧ ✧ ✧

Gott, allmächtiger Herrscher, du hast die Welt so sehr geliebt, daß du deinen einzigen Sohn gabst. Er wurde von einer Frau geboren, unter dem Gesetz geboren, um zu leiden, zu sterben und aufzuerstehen, auf daß jeder, der an ihn glaubt, durch den Heiligen Geist Weisheit und durch deine Gnade das ewige Leben erlangen kann. Das ist mein Glaube. Hilf mir, wo mein Glaube versagt.
LANCELOT ANDREWES 1555–1626

✧ ✧ ✧

O laß nicht Stolz, Eigendünkel oder eine andere Untugend mich in die Irre gehen: Vergib mir meine Schwäche und meine unabsichtlichen Fehler; und laß beständig wachsen meine Einsicht und meine Liebe zu Dir, mein Gott, und zu deinem Sohn Jesus Christus, meinem Herrn, dem zusammen mit Dir und dem Heiligen Geist auf ewig aller Ruhm gebührt.
MRS. GILBERT BURNET 1661–1709

✧ ✧ ✧

O du, der du zur Erde kamst,
Uns das heilige himmlische Feuer zu bringen,
Entzünde eine Flamme aus geheiligter Liebe
Auf dem bescheidenen Altar meines Herzens.
CHARLES WESLEY 1707–1788

◇ ◇ ◇

John Greenleaf Whittiers großes Gedicht »Guter Gott und Vater der Menschheit« ist in der Vertonung von F.C. Maker seit vielen Jahren ein großer Segen für die Menschen. Auch ich habe oft »den stillen Tau der Ruhe« gespürt, von dem der Dichter in diesem Gebet spricht.

Guter Gott und Vater der Menschheit,
Vergib uns unsere Narreteien!
Erfülle uns mit rechtem Sinn;
Nur durch größere Reinheit und tiefere Demut
Können wir Dir würdige Diener sein.

Laß uns mit einfältigem Glauben
Aufstehen und dir nachfolgen,
Ohne ein Wort, wie jene,
Die am Syrischen Meer
Den Ruf des Herrn vernahmen.

O Sabatruhe bei Galiläa!
O ihr stillen Hügel dort oben,
Wo Jesus kniete, um mit Dir
Das Schweigen der Ewigkeit zu teilen,
Dem die Liebe Sinn verleiht!

Angesichts jener tiefen Stille
Sollen all unsere Worte und Werke verstummen,
Deren Lärm sonst Deine sanfte Stimme übertönt;
Sende so lautlos Deinen Segen herab,
Wie einst Dein Manna fiel.

Spende uns Deinen stillen Tau der Ruhe,
Damit all unser Kämpfen ein Ende hat:
Beende die Rastlosigkeit unserer Seelen;
Und laß die neue Ordnung in unserem Leben
Von der Schönheit Deines Friedens künden.

Kühle die Glut unserer Begierden
Mit dem Balsam Deines Geistes;
Dämpfe die Hitze unserer Sinnlichkeit:
Sprich zu uns durch Erdbeben, Feuer und Wind,
O Du kleine Stimme der Ruhe!
JOHN GREENLEAF WHITTIER 1807–1892

◇ ◇ ◇

Eine der berühmten Brontë-Schwestern greift in diesem Gedicht einen Satz aus dem Evangelium auf: »Ich glaube; hilf meinem Unglauben!« (Markus 9,24)

Wenn ich glaube, bin ich am besten;
Glaube erhellt meine dunkelste Nacht;
Doch presse ich ihn an meine Brust,
Fühle ich oft, daß er mir entgleitet.

Was soll ich tun, wenn all meine Liebe,
Meine Hoffnung, meine Mühen nicht fruchten?
Und wenn es keinen Gott gäbe,
Der mich erhört und segnet, wenn ich bete?

Oh, heile mich, Gott! Denn du allein
Kannst meine verwirrte Seele erlösen.
Laß sie nicht im Stich: sie ist ganz dein,
Trotz ihrer Schwäche sehnt sie sich zu glauben.
ANNE BRONTË 1820–1849

◇ ◇ ◇

Auf dein Wort vertrauend, O Herr,
  warten wir auf deinen Geist.
Sende ihn herab aus dem heiligen Himmel,
  damit er unsere Herzen weiht,
  unsere Tiefen,
die ohne ihn leer und formlos sind.
Vielleicht sind in diesen Tiefen unseres Seins
Geheimnisse verborgen,
Begierden und Neigungen, die wir nicht einmal
  uns selbst einzugestehen wagen.
Auch dorthin bitten wir dich.
Verbrenne, reinige, verwandle.
  Wir sind nicht fähig, uns selbst zu helfen.
  Wir warten auf dich.
EVELYN UNDERHILL 1874–1941

✧ ✧ ✧

Das folgende Gebet werden Sie bei vielen Gelegenheiten anwenden können:

Gott, gib uns die Kraft, gelassen Dinge zu akzeptieren, die wir nicht ändern können, den Mut, Dinge zu ändern, die wir ändern müssen, und die Weisheit, das eine vom anderen zu unterscheiden.
REINHOLD NIEBUHR 1892–1971

✧ ✧ ✧

Ich mag dieses Gebet von Helen Steiner Rice, die hier wunderschön unser unbeholfenes Tasten nach Gott beschreibt. Sie war ein heiliger Mensch mit einem lebendigen Geist, und sie erreichte mit ihren Schriften zahllose Menschen.

Ich bin hier unten!
Du bist dort oben!
Bist Du sicher, daß Du
Mein leises, schwaches Beten hörst?
Denn ich weiß gar nicht recht
Wie ich beten soll –
Offen gesagt, Gott,
Ich weiß nicht, was ich sagen soll . . .
Ich weiß nur, daß ich einsam bin
Und seltsam verstört,
Verwirrt und ruhelos . . .
Und sie sagen mir, daß Beten
hilft, den Geist zu beruhigen
Und das Herz zu entlasten,
Denn in der Stille finden wir
Eine neu geborene Sicherheit,
Daß Jemand für uns sorgt
Und daß Jemand antwortet
Auf jedes kleine, aufrichtige Gebet.
»Gott, bist Du da?«
HELEN STEINER RICE 1901–1981

◇ ◇ ◇

O Herr Jesus, richte mich auf, damit ich Dich aufrichten kann.
IN DIE KANZEL EINER KIRCHE EINGERITZTES GEBET

✧ ✧ ✧

Schenke uns, O Herr, jene geistige Ruhe, in der wir Deine Stimme vernehmen können.
ANONYM

✧ ✧ ✧

Als sie Dich verhafteten, Herr, so steht geschrieben,
Ließen Dich all Deine Jünger im Stich und flohen.
Laß das eine Lehre für mich sein,
Dich nicht zu fliehen, sondern Dir nachzufolgen.
ROBERT HERRICK 1591–1674

✧ ✧ ✧

Laß dich durch nichts verstören,
Durch nichts ängstigen;
Alles geht vorüber;
Gott aber bleibt immer gleich;
Mit Geduld und Ausdauer
Läßt sich alles überstehen;
Wer Gott besitzt,
Begehrt sonst nichts mehr;
Gott allein genügt.
TERESA VON AVILA 1525–1582

✧ ✧ ✧

Barmherziger Gott, gib uns die Kraft, für die Dinge zu arbeiten, um die wir Dich bitten.
THOMAS MORUS 1478–1535

✧ ✧ ✧

Dieses Gebet hilft uns, nicht zu früh aufzugeben.

O Herr, unser Gott, wenn du es deinen Dienern erlaubst, die größten Unterfangen zu beginnen, gib uns auch die Weisheit zu erkennen, daß nur die beharrliche Durchführung eines solchen Unterfangens bis zu seinem Ende, bis es wirklich abgeschlossen ist, wahren Ruhm einbringt.
SIR FRANCIS DRAKE 1540–1596

◇ ◇ ◇

Meine kluge Frau Ruth sagt: »Gott beantwortet Gebete auf drei Arten: Ja, nein, und ›warte noch ein bißchen‹.« Oft gibt er uns auch etwas ganz anderes als das, worum wir gebeten haben. Der unbekannte Soldat der Konföderierten im Amerikanischen Bürgerkrieg, von dem das folgende Gebet stammt, war ein weiser Christ, und er hatte großes Glück, denn er empfing reiche Segnungen.

Lieber Gott,
ich bat um Stärke, denn ich wollte Erfolg haben;
ich erhielt Schwäche, damit ich lernte, demütig zu gehorchen.

Ich bat um Gesundheit, denn ich wollte Großes vollbringen;

ich erhielt Gebrechlichkeit, damit ich statt dessen Gutes tat.

Ich bat um Reichtum, denn ich wollte glücklich sein;
ich erhielt Armut, damit ich klug wurde.

Ich bat um Einfluß, denn ich wollte das Lob der Menschen;
ich erhielt Ohnmacht, damit ich spürte, daß ich Gott brauche.

Ich bat um alle Dinge, denn ich wollte mich des Lebens freuen;
ich erhielt Leben, damit ich lernte, mich an allen Dingen zu erfreuen.

Ich bekam nichts von dem, worum ich bat,
aber alles, was ich mir erhofft hatte.

Geradezu unwillkürlich wurden meine unausgesprochenen Gebete beantwortet;
Ich bin, unter allen Menschen, äußerst reich gesegnet.

ANONYM

◊ ◊ ◊

Gewähre uns, O Herr, die Gnade, ganz in Dir ruhen zu dürfen, so daß wir vollkommenen Frieden erfahren – einen Frieden, der nicht zerstört werden kann. Hilf uns, nie bei einem Geschöpf Halt zu suchen, sondern immer nur beim Schöpfer selbst: laß uns unsere Herzen nie an Güter, Dinge, Häuser, Land, eitle Erfindungen oder modische Narreteien hängen, damit wir nicht unseren Frieden verlieren und mürrisch, reizbar und neiderfüllt werden. Erlöse uns von alledem, O Gott, und schenke uns deinen Frieden.
GEORGE FOX 1624–1691

✧ ✧ ✧

Du Schöpfer des Tages und der Nacht
Lenke durch den Sturm Deine heilige Fracht:
Und tobt auch um uns die See ohne Ruh',
Unser allzeit sicherer Hafen bist Du.
JOHN KEBLE 1792–1866

✧ ✧ ✧

O Herr, wir flehen dich an, erlöse uns von der Angst vor einer unbekannten Zukunft; von der Angst, zu versagen; von der Angst vor Armut; von der Angst vor dem Verlust geliebter Menschen; von der Angst vor Einsamkeit; von der Angst vor Krankheit und Schmerzen; von der Angst vor dem Altwerden; von der Angst vor dem Tod. Hilf uns, O Vater, daß wir die Gnade erfahren, nur dich zu lieben und zu fürchten. Erfülle unsere Herzen mit freudigem Mut und liebevollem Vertrauen in dich; durch unseren Herrn und Meister Jesus Christus.

AKANU IBAIM, NIGERIA

◇◇◇

Guter Gott, erlöse mich
Von der Feigheit, die neuen Wahrheiten ausweicht,
Von der Faulheit, die sich mit halben Wahrheiten begnügt,
Von der Überheblichkeit, die alle Wahrheiten zu kennen glaubt.

GEBET AUS KENIA

◇◇◇

O Gott, ich bin wie jemand, der hungrig nach Reis, durstig nach Tee ist – fülle mein leeres Herz. Amen.
UNBEKANNTE CHINESISCHE FRAU

✧ ✧ ✧

Dieser Text aus den heiligen Schriften der Hindus ist vermutlich eines der ältesten Gebete der Welt:

O Gott, laß uns eins sein; laß unser Reden harmonisch sein; laß unser Verständnis gleich sein;
Laß uns gemeinsam beten, gemeinsam Zeremonien feiern;
Laß uns gemeinsam beraten, gemeinsam Beschlüsse fassen.
Gleich seien unsere Gefühle; vereinigt seien unsere Herzen.
Einig seien wir in unseren Absichten; vollkommen sei unsere Einheit.
RIGVEDA

✧ ✧ ✧

O Gott, Du bist Frieden. Von Dir geht Frieden aus, und bei Dir ist Frieden. Laß uns in Frieden leben, O Herr, und nimm uns in Dein Paradies auf, den Wohnsitz des Friedens. Dein ist alle Erhabenheit und Ehre, wir hören und wir gehorchen. Vergib uns, Herr. Dir allein sei all unser Tun geweiht.
DER PROPHET MOHAMMED, um 570–632

✧✧✧

Gott unserer Väter, zu Dir
Dem Schöpfer der Freiheit,
Zu Dir singen wir;
Lange möge unser Land leuchten
Im heiligen Licht der Freiheit;
Schütze uns mit Deiner Macht,
Großer Gott, unser König.
SAMUEL FRANCIS SMITH 1808–1895

✧✧✧

Ein Gebet für England (und auch für unser eigenes gesegnetes Land):

Herr, segne dieses Königreich, auf daß Religion und Tugend unter allen Menschen gelte: auf daß Frieden hinter unseren Toren, und Wohlstand innerhalb unserer Grenzen herrsche. Führe uns in Zeiten der Not, und hilf, daß wir Dich in Friedenszeiten nicht vergessen; und ob im Überfluß oder in der Not, stets sollen alle Dinge so geordnet sein, daß wir geduldig und friedvoll nach Deinem Königreich und seiner Gerechtigkeit streben, das die einzige genügende Versorgung und das einzige sichere Fundament für Menschen ebenso wie für Staaten ist; auf daß wir auch weiterhin als Land und als Volk Dir dienen, bis ans Ende der Zeit.
WILLIAM LAUD 1573–1645

◇◇◇

O Gott, uns wurden die erlesensten Segnungen des Himmels zuteil. So viele Jahre hindurch durften wir Frieden und Wohlstand erleben. Wir wuchsen an Menschen, Reichtum und Macht, wie keine Nation zuvor; doch wir haben Gott vergessen. Wir haben die barmherzige Hand vergessen, die unseren Frieden bewahrte, uns zahlreich, wohlhabend und stark werden ließ; und in der Falschheit unserer Herzen verstiegen wir uns zu der eitlen Einbildung, daß wir alle diese Segnungen unserer eigenen überlegenen Weisheit und Tugend verdanken. Berauscht vom ständigen Erfolg, wurden wir zu selbstherrlich, um die göttliche Gnade zu würdigen, zu stolz, um zu dem Gott zu beten, der uns erschuf.

Daher ist es unsere Pflicht, uns vor jener Macht zu verneigen, gegen die wir uns versündigten; wir müssen unsere nationalen Sünden bekennen und um Milde und Vergebung bitten.

ABRAHAM LINCOLN 1809–1865

✧ ✧ ✧

Allmächtiger Gott, von dem alle Gedanken der Wahrheit und des Friedens ausgehen, wir bitten Dich, entzünde in den Herzen aller Menschen die wahre Friedensliebe und führe mit Deiner reinen und friedvollen Weisheit jene, die für das Wohl unserer Nationen Verantwortung tragen: auf daß Dein Königreich in Frieden herannahen möge, bis die ganze Erde Deine Liebe erkennt: durch Jesus Christus, unseren Herrn. Amen.

FRANCIS PAGET 1851–1911

✧ ✧ ✧

O Gott, König der Rechtschaffenheit, führe uns, darum bitten wir, zu Gerechtigkeit und Frieden. Ermutige uns, aller Tyrannei und Unterdrückung ein Ende zu machen, damit jeder Mensch seinen gerechten Lohn erhält und seine gerechte Pflicht erfüllt; damit jeder für alle lebt, und damit alle für jeden sorgen, im Namen von Jesus Christus.
WILLIAM TEMPLE,
ERZBISCHOF VON CANTERBURY 1881–1944

✧ ✧ ✧

Wir erheben unsere Herzen, O Herr, und bitten für all jene, die gesellschaftliche und politische Verantwortung tragen. Gib, daß sie alle selbstsüchtigen Ambitionen aufgeben und danach streben, Werkzeuge Deines Willens zu sein und Deine Absichten zum Wohle Deines Volkes auszuführen; mögen sie erkennen, daß sie Dir Ehre erweisen, wenn sie sich für das Glück der Menschen einsetzen; durch Jesus Christus, unseren Herrn.
LESLIE D. WEATHERHEAD 1893–1976

✧ ✧ ✧

Wir danken dir, gnadenreicher Gott, für die Schönheit von Erde, Himmel und Meer; für den Reichtum der Berge, Ebenen und Flüsse; für die Lieder der Vögel und die Lieblichkeit der Blumen. Wir preisen dich für diese guten Gaben und beten, daß es uns gelingt, sie für unsere Nachkommen zu bewahren. Gib, daß unsere dankbare Freude an deiner Schöpfung wächst, deinem Namen zu Ehren, jetzt und immerdar. Amen.
FORWARD DAY BY DAY 1992

◇ ◇ ◇

So, O Jesus, lautet unser Gebet: Entferne aus den Herzen der Menschen alles, was den Frieden bedrohen kann, und bestärke sie in der Wahrhaftigkeit, der Gerechtigkeit und der brüderlichen Liebe. Erleuchte die Herrscher der Völker, damit sie, sich um das Wohlergehen ihrer Brüder sorgend, den großen Schatz des Friedens bewahren und verteidigen; stärke den guten Willen aller Menschen, damit sie alle trennenden Barrieren überwinden, das Band der Nächstenliebe erneuern und einander verstehen und vergeben, auf daß sich alle Völker in deinem Namen vereinigen und der Frieden, dein Frieden, in allen Herzen, in allen Familien und auf der ganzen Welt triumphiert.
PAPST JOHANNES XXIII. 1881–1963

◇ ◇ ◇

O Gott, der du durch die Gnade deines Heiligen Geistes die Gabe der Liebe in die Herzen deiner treuen Gläubigen fließen läßt: Gib uns Gesundheit des Geistes und des Körpers, auf daß wir dich mit ganzer Kraft lieben und zu deiner vollen Zufriedenheit jene Dinge vollbringen können, die dir Wohlgefallen bereiten, durch Christus, unseren Herrn.
BREVIER VON SALISBURY

◊ ◊ ◊

Herr, sei uns gnädig, denn wir hoffen auf Dich.
PAPST JOHANNES PAUL II. 1920–

Dritter Teil

MEINE EIGENEN GEBETE

Auf den vorangegangenen Seiten fanden Sie viele verschiedene Gebete für viele verschiedene Anlässe, und aus vielen verschiedenen Quellen.

Auch die folgenden Gebete eignen sich für viele Anlässe, stammen aber alle aus derselben Quelle.

Während meiner vielen Jahre als Geistlicher, in denen ich schrieb, predigte und bei vielen Gelegenheiten um ein Gebet ersucht wurde, verfaßte ich mehr Gebete, als ich denken kann. Diejenigen davon, die mir selbst am besten gefielen, wurden aufgehoben, und ich habe mir erlaubt, sie in dieses Buch aufzunehmen.

Viele dieser Gebete wurden verfaßt, weil man mich um geeignete Gebete für die alltäglichen Probleme des Lebens bat. Eine ganze Reihe von ihnen benutze ich selbst in meinem Alltag. Sie haben sich als hilfreich für mich erwiesen, und ich hoffe, sie werden auch Ihnen von Nutzen sein.

Viele dieser Gebete sind kurz genug, daß man, sollten sie sich als besondes bedeutungsvoll erweisen, ihre Wirkung erhöhen kann, indem man sie auswendig lernt.

Ich habe festgestellt, daß es wirkungsvoll sein kann, Gebete laut aufzusagen. Das heißt aber nicht, daß sie etwas von ihrer Kraft einbüßen, wenn man sie nur still vor sich hin sagt.

Alle Gebete in diesem Buch sollten lediglich als Anregung für Ihr Beten verstanden werden. Ich hoffe, sie werden Ihnen helfen, Ihre eigenen, ganz persönlichen Gebete zu formulieren.

Ein Gebet für den Tagesanfang:

Lieber Gott, danke für die Nachtruhe, die Du mir geschenkt hast. Ich bin sehr dankbar für die frische Energie und die neue Begeisterung, die ich nun spüre.

Danke, O Herr, daß Du mich sicher zum Anfang dieses neuen Tages geleitet hast. Ich nehme ihn als ein kostbares Geschenk von Dir an. Laß mich jede Minute dieses Tages Deinem Willen gemäß nutzen.

Führe mich durch jede Schwierigkeit, der ich mich heute gegenübersehe, und bei jeder Entscheidung, die ich heute treffen muß. Hilf mir, jeden Menschen freundlich zu behandeln, und mich bei allen meinen heutigen Unternehmungen anständig, gerecht und umsichtig zu verhalten.

Sollte ich Dich während dieses Tages vergessen, O Herr, so vergiß Du mich bitte nicht.
Um all das bitte ich im Namen Jesu. Amen.

◇ ◇ ◇

Wenn Gott weit weg zu sein scheint:

Unser Himmlischer Vater, wie wunderbar ist Deine Macht! Ich öffne mein Herz und meinen Geist und lasse mich jetzt ganz von Deiner Liebe leiten. Manchmal fühle ich mich in dieser verwirrenden Welt verloren und allein. Laß mich spüren, daß Du immer in meiner Nähe bist, mir hilfst und mich liebst. Hilf mir, diese große Wahrheit fest in meinem Bewußtsein zu verankern. Ich danke Dir von ganzem Herzen, durch Jesus Christus, unseren Herrn. Amen.

✧ ✧ ✧

Wenn Sie um Glauben bitten möchten:

Unser Himmlischer Vater, mir wird klar, daß man Glauben nicht selbst erzeugen kann, sondern daß er ein Geschenk ist. Du schenkst ihn mir in dem Maße, wie ich mich Dir schenke. Hilf mir deshalb, daß ich mich selbst, alle meine Ängste und Zweifel, in Deiner großen Liebe verliere. Schenke mir die Kraft eines tiefen Glaubens. Ich bitte um die Fähigkeit, aufrichtig an Gott glauben zu können, an den Herrn Jesus Christus, an das Leben, an mich selbst. Darum bitte ich demütig, im Namen von Jesus. Amen.

✧ ✧ ✧

Wenn Sie Gott bitten möchten, bei Ihnen zu sein:

O Gott, ich danke Dir dafür, daß es Dich gibt. Ich danke Dir, daß Du so bist, wie Du bist. Wie wunderbar ist es doch, daß Du, der große Gott, bei mir bist, und daß Du mein Leben mit Deiner Größe und Herrlichkeit erfüllst. Hilf mir, freundlicher zu meinen Mitmenschen zu sein, denn da wo die Liebe ist, ist Gott. Höre mein Gebet, durch Jesus Christus, unseren Herrn. Amen.

◇◇◇

Wenn Sie Gott um Führung bitten möchten:

Herr, ich möchte ganz nach Deinem Willen handeln. Hier ist mein Problem. Zeige Du mir, was ich tun soll, und ich werde Deinen Rat genau befolgen. Lieber Gott, diese Welt ist so groß, und ihre Probleme sind so kompliziert. Daher kann ich nur mit Deiner Führung meinen Weg finden.

Weil du soviel besser über alles Bescheid weißt, vertraue ich mich demütig Deiner Führung an.

Und ich verspreche, daß ich Dir folge, wenn Du mir den Weg weist. Beschleunige mein Denken, schärfe meine Sinne, vertiefe mein Verständnis.

Hilf mir, Deine Stimme zu hören und Deinem Rat zu folgen, und sie nicht mit meinen eigenen Ideen zu verwechseln.

Hilf mir, daß ich Deinen Wünschen gemäß handle, und nicht nach meinen eigenen Wünschen. Laß mich stets dem Weg folgen, den Du für mich vorgesehen hast.

Schenke mir die Achtsamkeit, daß ich stets Deine Führung erkenne, wenn sie mir zuteil wird. Und hilf mir, ihr dann zu folgen, ohne Fragen zu stellen. Durch Jesus Christus, unseren Herrn. Amen.

✧ ✧ ✧

Wenn Sie wirkungsvoller beten möchten:

Unser Vater, Du hast uns beten gelehrt. Durch Dein Beten gelang es Dir, den Tod zu besiegen. Wir wissen, daß das Gebet die größte Kraft in dieser Welt ist, daß Beten Dinge verändert, daß es Menschen verändert. Möge es mich verändern, O Herr. Von diesem Tag an werde ich betend durchs Leben gehen. Ich werde durch die Gebetskraft leben. Die Antworten, die Du mir gibst, empfange ich freudig. Ich danke Dir von Herzen. Durch Jesus Christus, unseren Herrn. Amen.

◇ ◇ ◇

Wenn Sie einsam sind:

Unser Himmlischer Vater, befreie mich von meiner Einsamkeit. Führe mich, daß ich meine Zeit weise nutze. Erfülle mein leeres Herz. Schenke meinem sorgenvollen Geist Frieden und Ruhe. Hilf mir, daß ich an andere denke und aus der inneren Kraft schöpfe, die Du spendest. Stärke meinen Glauben. Darum bitte ich im Namen von Jesus. Amen.

◇ ◇ ◇

Wenn Sie ängstlich sind:

Unser Himmlischer Vater, berühre mich jetzt mit Deinem ewigen heilenden Frieden und befreie mich von meinen Sorgen und Ängsten. Gib mir die Kraft, in diesem Leben alle Schwierigkeiten zu überwinden. Du wirst mir helfen und mir Stärke verleihen. Das erfüllt mich mit Dankbarkeit. Durch Jesus Christus, unseren Herrn. Amen.

◇ ◇ ◇

Wenn Sie nervös sind:

Unser Himmlischer Vater, ich glaube und weiß, daß ich Nervosität überwinden kann. Hilf mir, daß ich mich den Ursachen für meine Anspannung stellen kann, im festen Vertrauen auf Jesus Christus, den Großen Arzt, der mich jetzt heilt. Ich ergreife Deine Hand, O Herr, und fürchte mich nicht mehr, denn in mir ist jetzt der Frieden Gottes. Du wirst für mich sorgen und mir jederzeit beistehen. Dafür danke ich Dir aufrichtig durch Jesus Christus, unseren Herrn. Amen.

◇ ◇ ◇

Wenn Sie erschöpft sind:

Unser Himmlischer Vater, nimm alle Unruhe, allen Streß, alle Erschöpfung von mir. Ich will wie Christus leben, so daß mein Leben aufregend und sinnerfüllt ist, ja voller Freude. Ich möchte die Chance nutzen, die Er mir bietet, und mit meinem Leben Zeugnis ablegen für alles Gute und Lebenswerte. Gib mir die Kraft und die Energie und die Herzensgüte, die das Leben zu einer wundervollen Erfahrung machen. Durch Jesus Christus, unseren Herrn. Amen.

✧ ✧ ✧

Lieber Gott, ich brauche mehr Energie und Stärke. Ich fühle mich ausgelaugt und erschöpft. Es fehlt mir die Vitalität, um alles zu bewältigen, was ich tun muß.

Ich habe gehört, O Herr, daß falsches Denken Erschöpfung verursachen kann. Verwandele Du mein Denken, so daß es in Einklang mit Deiner göttlichen Macht kommt.

Hilf mir, in engem Kontakt mit Dir zu bleiben, der Quelle der Kraft – jener Energiequelle, die nie versiegt. Ich nehme diese großartige neue Energie jetzt an und danke Dir dafür. Amen.

✧ ✧ ✧

Wenn Sie entmutigt sind:

Unser Himmlischer Vater, Du hast mir eine wunderbare Welt geschenkt, um darin zu leben. Du hast mich mit einer geistigen, spirituellen und physischen Ausrüstung versehen, die mich befähigt, schöpferisch und erfolgreich zu leben. Und ich bin dankbar dafür, daß ich jedes Hindernis überwinden kann. Laß mich jeden Tag mit Jesus Christus verbringen. Laß mich mit Glauben und Mut auf Ihn blicken. Und durch Christus, und in Seinem Namen, danke ich Dir, Gott, von ganzem Herzen. Amen.

✧ ✧ ✧

Wenn Sie sich Sorgen machen:

Unser Himmlischer Vater, ich bin dankbar, daß ich meinen Geist von Ängsten und Sorgen befreien kann. Ich bitte Dich, schenke mir die Kraft, daß ich diese schlechte Angewohnheit, mir ständig Sorgen zu machen, ein für allemal aufgebe. Hilf mir, daß ich mich nicht fürchte, sondern mich meinen Ängsten stelle und sie so überwinde. Ich weiß, daß Du immer bei mir bist. Ich danke Dir, Vater, im Namen von Jesus Christus, unserem Herrn. Amen.

✧ ✧ ✧

Lieber Gott, ich bin beunruhigt und voller Angst. Sorgen und düstere Ahnungen erfüllen meinen Geist. Könnte es sein, daß meine Liebe zu Dir schwach und unvollkommen ist und ich deshalb von Sorgen geplagt werde?

Ich habe versucht, mir klarzumachen, daß es nichts gibt, weswegen ich mich sorgen müßte. Doch das hat nicht geholfen. Ich weiß, daß ich einfach auf Deine liebevolle Fürsorge und Führung vertrauen sollte. Doch selbst dazu war ich zu nervös und besorgt.

Lieber Gott, berühre mich mit Deinem Frieden und hilf meinem verstörten Geist zu erkennen, daß Du Gott bist und daß ich nichts Böses zu fürchten brauche. In Christi Namen bete ich zu Dir. Amen.

◇ ◇ ◇

Wenn Sie etwas aus dem Gleichgewicht gebracht hat:

Unser Himmlischer Vater, hilf mir, daß ich meinen Geist für Dich öffne und Dich zu meinem Partner mache. Reinige meinen Geist von allen zerstörerischen, negativen Gedanken. Schenke mir die Freude eines begeisterten Lebens. Hilf mir, mich den Herausforderungen zu stellen, die mich in dieser Welt erwarten. In völligem Vertrauen stütze ich mich ganz auf Dich. Ich danke Dir durch Jesus Christus, unseren Herrn. Amen.

✧✧✧

Lieber Gott, mein Geist ist so klein, und Dein Geist ist so groß. Ich stütze meinen Geist völlig auf den Deinen. Erfülle mich mit Deinen großen Gedanken. Ich will nur so leben, denken und handeln, wie Du es wünschst. Erfülle meinen Geist überströmend mit spiritueller Einsicht, mit echter Weisheit. Laß mich so denken, wie Du denkst. Deine Führung hilft mir jetzt bei diesem Problem und wird mir auch bei allen zukünftigen Problemen helfen. Hilf mir, darauf zu vertrauen, daß ich mit Deiner Führung nie fehlgehen kann. Amen.

✧✧✧

Wenn Sie innere Ruhe anstreben:

Lieber Gott, Dein Geist ist von Frieden erfüllt. Ich weiß, daß ich in mir Deinen Frieden erleben kann. Deine Ruhe breitet sich jetzt in meinem Geist aus. Ich öffne mich für Deinen heilenden Frieden, der mir jetzt geschenkt wird. Und für diese Gabe der schöpferischen Stille danke ich Dir. Amen.

✧ ✧ ✧

Gebet während einer Krise:

Lieber Gott, ich bin in einer tiefen Krise. Die Entscheidung, die ich nun treffen muß, ist für mich von existentieller Bedeutung. Ich bin daher sehr angespannt.

Was soll ich tun, O Herr? Hilf mir, klar und vernünftig zu denken. Ich weiß, O Herr, daß ich nicht in Panik geraten darf.

Ich kann nur schöpferisch denken, wenn mein Geist zur Ruhe kommt. Schenke mir diese geistige Ruhe, damit ich neue Ideen und Einsichten gewinne, die mir in meiner momentanen schwierigen Lage weiterhelfen.

Ich breite nun diese ganze Angelegenheit vor Dir aus. Zeige mir, was ich tun soll, und wie ich es tun soll. Hilf mir, daß ich auf Deine Antworten lausche und sie erkenne, wenn Du sie mir übermittelst. Und schenke mir das sichere Wissen, daß Du mir auf jeden Fall antworten wirst.

Du bist mein Gott, der stärker ist als alle Krisen. Lieber Gott, ich bin sehr dankbar. Amen.

✧ ✧ ✧

Gebet, wenn man im Straßenverkehr unterwegs ist:

Lieber Gott, begleite alle Mitglieder unserer Familie, die heute auf der Straße unterwegs sind, mit Deiner wachsamen Sorge.

Breite zur Abwehr aller möglichen Gefahren Deine schützenden Arme über ihnen aus.

Darum bitten wir für alle Menschen, die an diesem Tag den Gefahren des Straßenverkehrs ausgesetzt sind. Durch Jesus Christus, unseren Herrn. Amen.

✧ ✧ ✧

Gebet, wenn man Auto fährt:

Lieber Gott, dies ist Dein Wagen. Ich weihe ihn Dir. Lege Deine Hände zusammen mit meinen auf das Lenkrad und fahre mit mir durch den dichten Verkehr.

Schütze dieses Auto und alle seine Insassen gegen jede Gefahr. Schenke uns eine sichere und angenehme Reise.

Bewahre mich davor, wütend auf andere Autofahrer zu werden, denn Wut führt zu Unfällen. Und hilf mir und den anderen Fahrern, daß wir höflich zueinander sind und die Verkehrsregeln beachten, denn so tragen wir zur Verkehrssicherheit bei.

Laß das Fahren für uns eine Freude und keine Belastung sein.

Möge dieses Auto stets zu Deinem Ruhm benutzt werden. Amen.

✧ ✧ ✧

Gebet für jemanden, der mich nicht mag:

Lieber Gott, (Name) mag mich nicht. Jedenfalls hat es den Anschein.

Wenn ich ihn (oder sie) mißverstehe, vergib mir und hilf mir, weniger empfindlich zu sein. Wenn in mir etwas ist, das (Name) verstimmt und zwischen uns Streit und Groll verursacht, so hilf mir, daß ich es erkenne und zum Besseren verändere.

Hilf mir, daß ich mich durch seine (oder ihre) Augen sehe und mich in den Bereichen verbessere, wo ich (Name) Anlaß zur Verärgerung gebe. Gib, daß zwischen uns ein guter Geist herrscht. Dafür will ich Dir von Herzen danken, denn ich wünsche mir ein liebevolles Vehältnis zu allen meinen Mitmenschen. Amen.

✧ ✧ ✧

Guter Himmlischer Vater, ich schäme mich ein wenig, Dir eingestehen zu müssen, daß mir Schmerz zugefügt wurde. Vielleicht sollte ich weniger empfindlich sein, aber das Verhalten eines anderen Menschen hat mich verletzt, und ich muß zugeben, daß ich wegen seines unfreundlichen Benehmens aufgebracht und unglücklich bin.

Hilf mir, diese Kränkung zu vergessen, über den Dingen zu stehen und nicht zuviel Aufhebens um die ganze Angelegenheit zu machen. Gieße Deine Liebe auf diese seelische Wunde und heile sie. Hilf mir, den Schmerz nicht länger mit mir herumzutragen.

Darum bitte ich in Christi Namen. Danke.

◇ ◇ ◇

Wenn Sie Grollgefühle überwinden möchten:

Unser Vater, ich habe mir eine schwierige Aufgabe gestellt. Du weißt, wie tiefsitzend Grollgefühle und Mißgunst bei mir sind. Um ehrlich zu sein, und das muß ich Dir gegenüber wohl, vielleicht habe ich meine Haßgefühle sogar genossen. Doch es war ein schmerzhaftes, sadistisches Vergnügen, etwas im Grunde sehr Elendes. Jetzt bin ich endgültig fertig damit. Ich wünsche aufrichtig und entschieden, Groll und Mißgunst aufzugeben. Aber ohne Deine Hilfe kann ich das nicht schaffen. Bitte, nimm durch das Wunder Deiner Gnade meinen Groll von mir und befreie mich. Durch Jesus Christus, unseren Herrn. Amen.

◇ ◇ ◇

Lieber Gott, ich muß gestehen, daß ich einen Groll gegen (Name) hege. Es mag sein, daß es berechtigte Gründe für diesen Groll gibt. Doch auch wenn das so ist, bitte ich Dich trotzdem, diese Gefühle aus meinem Herzen zu entfernen, Herr.

Ich bin mir bewußt, Vater, daß man durch Groll und Mißgunst sich selbst und anderen Menschen Schmerz zufügt.

Erfülle mich mit dem Geist der Vergebung. Gib, daß ich gelassen über kleinen Alltagsproblemen stehe. Hilf mir, zu vergeben und zu vergessen.

Und, lieber Gott, wenn es Dein Wille ist, laß mich größer sein als mein Groll. Darum bitte ich Dich aufrichtig. Amen.

◇ ◇ ◇

Lieber Gott, Du hast uns gelehrt, unseren Feinden zu vergeben. Diesem Gebot möchte ich folgen – aber möchte ich das wirklich?

Doch Herr, ich weiß nicht, wie man vergibt – oder fehlt mir dazu einfach die moralische Kraft?

Befreie mich zunächst von dem sadistischen und haßerfüllten Vergnügen, Grollgefühle zu hegen. Damit bringe ich nur Unglück über mich. Wecke in mir den Wunsch, zu vergeben.

Erfülle mein Herz und meinen Geist dann mit großmütigen Gedanken. Mache mich größer als mein kleines Selbst. Laß mich erkennen, was für eine wunderbare Freude es sein kann, sich mit anderen Menschen auszusöhnen.

Laß die Süße der Vergebung neues Glück in mein Leben bringen, durch Jesus Christus. Amen.

✧ ✧ ✧

Lieber Gott, Du hast uns gesagt, daß wir unsere Feinde lieben und für jene beten sollen, die uns verachten.

Das ist schwer, Herr, aber ich gebe mir große Mühe. Hilf mir, diese Fähigkeit zu entwickeln.

In der Heiligen Schrift steht: »Die Rache ist mein, ich will vergelten, spricht der Herr.« Nimm also bitte Du Dich meines Feindes an und verfahre nach Deinem Willen mit ihm. Und ich danke Dir, O Herr, daß ich von Herzen sagen kann: »Sei gut zu ihm, um Christi willen.« Amen.

✧ ✧ ✧

Gebet, wenn Sie Probleme mit Ihren Kindern haben:

Lieber Gott, ich liebe meine Kinder, aber im Moment treiben sie mich zur Verzweiflung. Ich habe meine Selbstbeherrschung verloren. Ich brauche Hilfe. Mir wird klar, Herr, daß ich ihnen, wenn ich selbst völlig durcheinander bin, nicht den festen Halt bieten kann, den sie für ihre Entwicklung brauchen.

Hilf mir, nicht wütend zu werden und sie nicht anzuschreien. Herr, schenke mir Sinn für Humor und hilf mir zu erkennen, daß ihre unruhige Energie ein Zeichen von Vitalität ist und zu ihrer Entwicklung dazugehört.

Laß mich nicht müde und gereizt werden, sondern an der Beziehung zu meinen Kindern Freude haben.

Ich danke Dir für meine Kinder. Aber, Herr, gib mir Kraft, damit ich meiner Rolle als Mutter (bzw. Vater) gewachsen bin. Amen.

◇ ◇ ◇

Gebet, wenn es in der Familie Streit gibt:

Unser Vater, hilf uns, daß wir das Gute in denen sehen, die gegenwärtig unser Mißfallen erregen. Hilf uns, eine großzügige Haltung einzunehmen, so wie Christus es gelehrt hat.

Wir bitten darum, daß die Feinseligkeit ein Ende hat und sich statt dessen Liebe und Verständnis entwickeln.

Möge jeder von uns sein Gewissen prüfen und sich aufrichtig seine eigenen Fehler eingestehen. Hilf uns, daß wir jenes wahre Glück kennenlernen dürfen, das die Mitglieder einer Familie einander schenken können. Laß uns durch Jesus Christus eine einige Familie sein. Amen.

◇ ◇ ◇

Gebet bei Konflikten in der Ehe:

Herr, hilf uns, daß wir uns wieder an unsere erste Begegnung erinnern und an die starke Liebe, die damals zwischen uns entstand.

Hilf uns, unsere gegenwärtigen Unstimmigkeiten wieder zu bereinigen.

Hilf uns beiden, daß wir das Gute im anderen erkennen.

Hilf uns, positiv zu denken und mit Deiner Hilfe Lösungen für alle unsere Probleme zu finden.

Hilf uns beiden, daß wir unsere Zungen im Zaum halten und auf unfreundliche Bemerkungen und scharfe Erwiderungen verzichten. Hilf uns, freundlich und liebevoll miteinander zu sprechen, und schenke uns die Größe, daß wir einander um Verzeihung bitten.

Wir legen unsere Ehe in Deine Hände. Amen.

◇ ◇ ◇

Wenn Sie von Ihren Sünden befreit werden möchten:

Lieber Gott, mein Retter, ich habe um Vergebung gebetet, und einem solchen Gebet, wenn es wirklich aufrichtig und demütig ist, verschließt Du Dich nie. Laß mich ohne Sünde sein, von der Welt unbefleckt. Ich danke Dir für Deine Vergebung. Ich übergebe Dir meine Reue und meine seelische Not und bitte Dich, meinen Geist mit Frieden zu erfüllen. Wie gut Du doch bist! Ich danke Dir, O Gott, im Namen von Jesus Christus, meinem Erlöser. Amen.

◇ ◇ ◇

Eine Gebetsmethode, die schon vielen Menschen geholfen hat, ist das »Sekundengebet«. Damit ist ein kurzes, prägnantes Gebet gemeint, das Sie beim Spazierengehen, beim Autofahren und sogar während der Arbeit gezielt einsetzen können. Hier einige Beispiele:

Unterwegs sehen Sie einen Menschen, der müde oder sorgenvoll aussieht. Sie schicken ihm ein Sekundengebet:

»Lieber Gott, nimm Dich dieses armen Menschen an und spende ihm Trost und Ermutigung.«

✧ ✧ ✧

In der Zeitung lesen Sie von einer Familie, die schlimmes Leid durchmachen mußte. Sprechen Sie ein Sekundengebet für diese Ihnen unbekannten Menschen:

»Herr, schenke dieser unglücklichen Familie durch Deine große Liebe Trost und Frieden.«

✧ ✧ ✧

Während Sie mit dem Auto unterwegs sind, sehen Sie, daß in einem anderen Wagen ein Mann und eine Frau miteinander streiten und sich anschreien. Übermitteln Sie ihnen geistig das folgende Gebet:

»Herr, trotz allen Streites lieben sie einander. Hilf ihnen, daß sie sich ihrer Liebe erinnern und wieder gütig, umsichtig und friedvoll werden.«

✧ ✧ ✧

Als Hausfrau wissen Sie vor lauter Arbeit wieder einmal nicht, wo Ihnen der Kopf steht – die Kinder, lästige Vertreterbesuche, das Telefon klingelt andauernd und das Abendessen muß rechtzeitig fertig sein. Schicken Sie einfach ein rasches Gebet zu Gott, während Sie arbeiten:

»Herr, hilf mir, die Nerven zu behalten. Schenke mir innere Ruhe und laß mich die Dinge eines nach dem anderen erledigen. Ich fühle, daß Du bei mir bist. Danke. Amen.«

✧ ✧ ✧

Sie bereiten das Abendessen zu und sind gerade dabei, es zu würzen. Geben Sie auch ein paar liebevolle Gedanken hinein:

»Lieber Gott, füge diesem Essen Liebe hinzu, damit meine Familie gesund ist und es ihr gutgeht. Amen.«

✧ ✧ ✧

Sie sollen auf einer öffentlichen Versammlung eine Rede halten und sind nervös. Während der Versammlungsleiter Sie ankündigt, beten Sie:

»Herr, hilf mir, damit ich diesen Menschen helfen kann. Sprich durch mich. Sei bei mir. Amen.«

✧ ✧ ✧

Sie sind über jemanden verärgert, möchten sich Ihren Ärger aber nicht anmerken lassen. Also beten Sie.

»Herr, hilf mir, Selbstbeherrschung zu wahren. Laß mich nichts sagen, was ich hinterher bereue. Mache, daß ich nicht wirke, als hätte ich meine Fassung verloren. Hilf mir, jetzt das Richtige zu sagen. Amen.«

Falls Sie eine schlechte Nachricht erreicht, können Sie rasch ein Gebet zum Himmel schicken:

»Herr, hilf mir, diese Sache hinzunehmen. Hilf mir, dabei Würde zu bewahren und meinen Mut nicht sinken zu lassen. Laß mich weiterhin stark im Glauben sein. Herr, ich brauche Dich jetzt. Sei bei mir. Amen.«

✧ ✧ ✧

Wenn Sie als Verkäufer oder Handelsvertreter einen Termin mit einem möglichen Kunden haben, könnten Sie vorher beten:

»Herr, hilf mir, daß ich bei diesem Verkaufsgespräch Ruhe bewahre. Gib, daß ich auf das Wohl meines Kunden bedacht bin. Hilf mir, daß ich ihm helfen kann. Und, Herr, laß mich für diesen Kunden ein fairer, ehrlicher Geschäftspartner sein. Amen.«

✧ ✧ ✧

Dankgebete bei Tisch:

Unser Himmlischer Vater, danke für alle guten Dinge des Lebens – für unser Essen, für geliebte Menschen, für unser Heim und für alles, was das Leben schön macht. Das alles verdanken wir Dir. Danke. Amen.

✧ ✧ ✧

Lieber Gott, wir danken Dir für das köstliche Essen auf unserem Tisch und für die geliebten Menschen, mit denen wir hier zusammensitzen dürfen. Voller Demut danken wir Dir, Vater, der Du das alles möglich machst. Amen.

✧ ✧ ✧

Lieber Himmlischer Vater, für Essen und Trinken und Gesundheit und Kraft und Liebe und für unsere Erlösung durch Jesus Christus danken wir Dir. Amen.

✧ ✧ ✧

Lieber Himmlischer Vater, gib, daß alle, die hier bei Tisch versammelt sind, von dem Essen gestärkt werden, das Du uns geschenkt hast. Stärke unsere Gemeinschaft untereinander und unsere Gemeinschaft mit Dir. Amen.

✧ ✧ ✧

Lieber Gott, segne diese Speise und uns, auf daß wir Dir treu dienen, um Christi willen. Amen.

✧ ✧ ✧

Bei Krankheit:

Unser Himmlischer Vater, ich danke Dir für das Geschenk des Lebens. Möge Deine Gegenwart mir Gesundheit, Ganzheit und Vitalität schenken. Nun will ich Dich preisen und Dir für die Schönheit des Lebens danken, durch Jesus Christus, unseren Herrn. Amen.

✧ ✧ ✧

Lieber Gott, in meiner Krankheit wende ich mich an Dich, den großen Heiler, und bitte Dich, mir zu helfen.

Breite Deine Arme über mir aus und lasse mich heil und gesund werden.

Ich vertraue mich ganz Deiner Obhut an und bekräftige meinen Glauben, daß Deine wunderbare, heilende Gnade mich auch jetzt wieder gesund und stark machen kann.

Ich weiß, daß ich um mehr bitte, als ich verdiene, doch Deine Gnade kennt keine Grenzen. Deine Liebe vermag uns zu heilen. Ich bitte Dich aufrichtig, an mir eine solche Heilung zu vollziehen, und ich werde Dir in Zukunft ein treuerer Diener sein. Das verspreche ich, durch Jesus Christus. Amen.

✧ ✧ ✧

Himmlischer Vater, während ich hier in meinem Krankenbett liege, vergehen die Tage nur langsam, und die Nächte erscheinen endlos. Wie ich mich nach dem tiefen Schlaf sehne, den ich erlebte, als ich noch gesund war! Hilf mir bitte, mich zu entspannen, ruhig zu werden und geistigen Frieden zu erlangen. Berühre meine Augenlider mit Deiner heiligen Ruhe. Schenke mir jene tiefe Erholung, die mir hilft, wieder gesund zu werden. Ich erbitte die Einlösung des Versprechens: »Den Seinen gibt es Gott im Schlafe.« Ich danke Dir, lieber Gott, Amen.

✧ ✧ ✧

Himmlischer Vater, Du bist der Schöpfer und auch der Erneuerer. Bitte, erneuere in mir die Gesundheit, Stärke und Energie, die Du mir mitgabst, als Du mich erschufst. Schenke mir die heilende Gnade unseres Herrn Jesus Christus und mache mich gesund. Amen.

✧ ✧ ✧

Himmlischer Vater. Ich vertraue mich völlig Deiner Fürsorge an. Ich lege mein Leben ganz in Deine liebenden Hände, voller Glauben und ohne Furcht. Ich weiß, von Dir geht nur Gutes aus. Welches Schicksal Du auch immer für mich ausersehen hast, hilf mir, es mit Würde zu akzeptieren. Ich bitte um Gesundung und ein langes Leben, und wenn das Dein Wille für mich ist, will ich Dir in Demut dafür danken. Und für diese göttliche und gnadenreiche Gunst will ich Dir für den Rest meines Lebens voll Freude dienen. Amen.

✧ ✧ ✧

Lieber Gott, manchmal lähmen unvernünftige Furcht und Panik meinen Geist. Du aber hast gesagt: »Fürchtet euch nicht.« Hilf mir, daß ich mich völlig Deinen heilenden Händen anvertraue und in Deiner großen Liebe Frieden finde. Amen.

✧ ✧ ✧

Lieber Gott, durch meine Krankheit weiß ich, wie wichtig mein Arzt für mich ist. Ich danke Dir für ihn, für seine Freundlichkeit und sein Können. Laß nicht zu, daß seine große Verantwortung ihn müde und erschöpft macht. Schenke ihm die Gnade, daß er mich und alle seine Patienten gesund macht. Nimm Dich bitte liebevoll unseres Arztes an. Amen.

✧✧✧

O Herr, ich danke Dir für meinen Arzt.

Schenke ihm die Einsicht und das Verständnis, um richtige Diagnosen stellen zu können. Gib ihm eine ruhige Hand und führe ihn mit Deinem starken Arm. Blicke ihm über die Schulter, O Herr, und gib ihm die Kraft, in Deinem Namen zu heilen, durch Jesus Christus, unseren Herrn. Amen.

✧✧✧

Gebet, wenn man ins Krankenhaus muß:

Heute, O Herr, muß ich ins Krankenhaus, und ich bin deswegen ein bißchen ängstlich und nervös.

Hilf mir zu erkennen, daß dieses Krankenhaus gebaut wurde, damit ich die Hilfe erhalte, die ich jetzt benötige.

Laß mich auch erkennen, daß die Ärzte und Krankenschwestern den Wunsch haben, mir bei meiner Gesundung zu helfen. Laß mich in dieser seltsamen Welt der Krankheit viel Liebe erfahren und vielleicht auch viele neue Einsichten gewinnen.

Doch vor allem laß mich Deine Schritte auf den Krankenhausfluren hören und Tag und Nacht Deine Gegenwart an meinem Bett spüren.

So gehe ich ohne Angst und mit fester Zuversicht ins Krankenhaus. Durch Christus, unseren Herrn. Amen.

◇ ◇ ◇

Lieber Gott, ich danke Dir für meine Krankenschwestern. Wie schwer ihre Arbeit auch sein mag, nie scheinen sie ärgerlich oder gereizt zu werden. Schenke ihnen Kraft für ihre Arbeit, und segne sie, Vater, mit Deiner liebenden Füsorge. Mögen sie erkennen, daß sie Deine liebevollen Dienerinnen sind. Amen.

◇ ◇ ◇

Wenn ein geliebter Mensch krank ist:

Lieber Gott, danke, daß wir diesen Menschen, der uns so lieb und teuer ist, in Deine liebende Obhut geben dürfen. Du liebst diesen Menschen so sehr wie wir. Wir bekräftigen, daß die heilende Gnade Jesu Christi ihn nun durchströmt. Und dafür danken wir Dir von Herzen. Amen.

✧ ✧ ✧

Lieber Gott, Vater, gläubig bitten wir, daß Du in Deiner unendlichen Güte Dich nun dieses von uns so geliebten Menschen annimmst. Du weißt, wie sehr wir uns um ihn sorgen. Du weißt auch, wie sehr wir Dich lieben und darauf hoffen, daß Du diesem, uns so teuren Menschen Heilung schenkst. Danke, in Namen Christi.

✧ ✧ ✧

Lieber Gott, (Name des Betreffenden) ist krank. Wir flehen Dich an, berühre diesen geliebten Menschen mit der heilenden Gnade Jesu Christi und mache ihn gesund.

Du hast (Name) das Leben geschenkt, und Du hast die Macht, sein Leben zu erneuern. Wir übergeben ihn Deiner liebevollen Obhut in dem Wissen, daß ihm nichts geschehen kann, wenn er bei Dir ist, sei es auf Erden oder im Himmel.

Ich glaube an Deine Macht, Kranke zu heilen. Mit Hilfe des Glaubens wirkt die wunderbare Heilkraft des Schöpfergottes. Ich bete für diesen geliebten Menschen und bitte Dich demütig, Deine Hände auf ihn zu legen und ihn zu heilen, wie Du jene heiltest, von denen wir in der Bibel lesen können.

Jesus Christus ist derselbe gestern, heute und in Ewigkeit, und Du, Herr, kannst (Name) neue Gesundheit und Kraft schenken. Darum bitten wir demütig und aufrichtig in Deinem heiligen Namen. Danke.

✧ ✧ ✧

Wenn Sie einen geliebten Menschen verloren haben:

Unser Himmlischer Vater, hilf mir, die Größe und Güte von Jesus Christus zu verstehen, der alle meine Tränen trocknet und Seine Kinder in das Sonnenlicht des ewigen Morgens führt. Ich weiß, ich kann ruhig sein und voller Vertrauen, denn ich werde mit denen, die ich liebe, wieder vereint sein und auf ewig bei Dir leben. Durch Jesus Christus, unseren Herrn und Erlöser. Amen.

◇ ◇ ◇

Unser Himmlischer Vater, demütig beugen wir uns Deinem Willen. Deine Weisheit ist größer als die unsere. Du verstehst unsere tiefe Trauer und unseren großen Schmerz. Wir sehnen uns nach der Berührung einer verschwundenen Hand und nach dem Klang einer Stimme, die für immer verstummt ist.

Doch Du bist gütig und voller Gnade. Du wirst unsere verwundeten Herzen trösten.

Wir danken Dir für Deinen Sohn Jesus Christus, der uns die Hoffnung schenkte, daß wir unseren lieben Verstorbenen im Himmel wiedertreffen, wo es keine Trennung mehr geben wird. Trockne Du unsere Tränen.

Danke, Herr, daß Du unsere armen menschlichen Herzen so gut verstehst und wir uns auf Dich stützen dürfen. Amen.

◇ ◇ ◇

Abendgebet:

Himmlischer Vater, ich beende diesen Tag mit Gedanken an Dich. Den ganzen Tag über hast Du über meine Lieben und mich gewacht. Dafür danke ich Dir.

Bitte vergib mir die Sünden, die ich heute begangen habe. Sei nicht zu streng mit mir wegen meiner Fehler, doch schenke mir Einsicht und besseres Wissen, damit ich die gleichen Fehler nicht zweimal mache.

Vergib mir, daß ich einige Dinge nicht tat, die eigentlich hätten erledigt werden müssen. Und gib dem, was ich tat Deinen Segen, wenn Du glaubst, daß ich es gut gemacht habe.

Und jetzt, Herr, möchte ich schlafen gehen. Wache über mich und schenke mir einen tiefen, erholsamen Schlaf. Laß Deine Engel unseren Schlaf behüten, in dieser Nacht und in jeder weiteren Nacht unseres Lebens. Amen.

◇ ◇ ◇

Wenn Sie Jesus visualisieren möchten:

Vor vielen Jahren besuchte ich eine Kirche in England, die sich zufällig ganz in der Nähe des Hauses von William Wordsworth befand, dem großen Dichter aus dem 19. Jahrhundert. Wie es heißt, schloß Wordsworth, wenn er sich zur Andacht in dieser Kirche aufhielt, die Augen und versuchte, Jesus zu visualisieren: Wie sah er aus? Wie klang seine Stimme? Welchen Gesichtsausdruck hatte er? Wordsworth sagte, daß Jesus Christus für ihn dadurch sehr real wurde und er sich Ihm sehr nahe fühlte. Das ist wirklich einen Versuch wert. Versuchen wir, Seine Stimme zu hören und Sein Gesicht zu sehen, während wir beten:

»Herr, viele Jahrhunderte sind vergangen, seit die Menschen wirklich Dein Gesicht sahen oder Deine Stimme hörten. Doch uns, die wir heute leben, wurde gesagt, daß Du der gleiche bist gestern, heute und in Ewigkeit. Du bist heute bei uns, so wie Du damals unter den Menschen warst. Hilf uns also, daß wir Deine Gegenwart spüren, wirklich spüren. Öffne unsere Herzen und Sinne für Deinen Geist, so daß wir alle Traurigkeit und Mutlosigkeit überwinden. Erfülle uns mit der Freude Deiner Gegenwart und Deiner unendlichen Güte. Indem wir unsere Freude mit anderen teilen, tragen wir Dein Licht in die Dunkelheit der Welt. Wir danken Dir für die große Kraft und Wahrheit, die Du uns schenkst, um alle unsere Niederlagen in wunderbare Siege zu verwandeln. Wir danken Dir für die großen Möglichkeiten, die Du in uns angelegt hast. Hilf uns, von ihnen nach Deinem Willen Gebrauch zu machen, Herr. Gib, daß wir uns ständig Deiner Gegenwart bewußt sind. Schenke uns Herzensfrieden und Lebensfreude, Gesundheit und Kraft. Schenke uns ein neues Gefühl dafür, wie Christus in uns wirkt. Darum bitten wir in Deinem Namen. Danke.«

Rat an den Leser

Ein Gebet ist ein Gespräch mit dem allmächtigen Gott. Sie können mit ihm über all Ihre Probleme, Sorgen und Ängste sprechen; über all Ihre Hoffnungen und Träume. Er wird Ihnen geduldig und freundlich zuhören. Und er wird Ihnen antworten.

Gott ist absolut verläßlich. Mit ihm haben Sie die großartigste Persönlichkeit aller Zeiten zum Gefährten. Sie brauchen keine Angst vor ihm zu haben, denn er liebt Sie und wird Ihnen zuhören.

Wie führt man ein solches Gespräch mit Gott? Man wendet sich respektvoll an ihn und sagt: »O Gott, ich brauche Hilfe. Du weißt alles, und ich bitte um deinen Rat. Ich glaube fest daran, daß ich dir wichtig bin, und daß du mir helfen wirst.« Berichten Sie ihm dann von Ihrem Problem. Erzählen Sie ihm alles darüber und bitten Sie ihn, Ihnen genau zu sagen, was Sie tun sollen. Er wird Ihnen antworten.

Wenn Sie den größten Denker Ihrer Zeit persönlich kennen würden und wüßten, daß er Sie mag und Ihnen gern helfen möchte, würden Sie ihn dann nicht um Rat fragen, wenn Sie ein Problem hätten?

Nun, Sie kennen tatsächlich eine solche Person: Es ist der allwissende, umsichtige, gütige Gott. Die Kontaktaufnahme mit ihm nennt man Gebet, aber es ist einfach nur eine Unterhaltung zwischen zwei Freunden, von denen der eine noch am Anfang steht, während der andere bereits weise und kenntnisreich ist.

Wenn Sie mit ihm sprechen möchten, müssen Sie dazu nicht niederknien oder ihm sagen, wie großartig er ist. Sagen Sie ihm einfach, daß Sie ihn lieben, und bitten Sie ihn um Rat. Lauschen Sie dann auf die Antwort. Vielleicht kommt sie sofort, vielleicht aber auch erst später. Manchmal erhalten Sie erst eine Antwort, nachdem Sie viele Gespräche mit ihm hatten. Aber er antwortet Ihnen auf jeden Fall, wenn Sie aufmerksam zuhören.

Danksagung

Herausgeber und Verlag danken für die Erlaubnis, in diesem Buch urheberrechtlich geschützte Texte verwenden zu dürfen. Sollten wir trotz unseres diesbezüglichen Bemühens unbeabsichtigt Urheberrechte mißachtet haben, so bitten wir hierfür um Entschuldigung und versichern, diesen Fehler in den folgenden Auflagen zu korrigieren.

Wir danken der K. S. Giniger Company, Inc. für Material aus *Prayers and Devotions from Pope John XXIII*, copyright © 1967, 1966 by Grosset & Dunlap Inc., und *Pope John Paul II: Pilgrim of Faith – Words of Inspiration*, copyright © 1987, 1984 by K. S. Giniger Company, Inc.

Dem Peale Center for Christian Living, Pawling, New York, für Material aus »The Mighty Force Called Prayer« und »Keep on Thinking and Praying« von Norman Vincent Peale in *Plus: The Magazine of Positive Thinking*, copyright © 1981 und 1966 by Foundation for Christian Living, Pawling, New York. Außerdem für Gebete aus vier Broschüren von Norman Vincent Peale: *Try Prayer Power*, copyright © 1959; *A Prayer for Every Need*, copyright © 1964; *Healing ... for Loved Ones and for You*, copyright ©

1978; und *Promises and Prayers for Your Daily Needs*, copyright © 1981. Diese Broschüren können kostenlos angefordert werden bei: Peale Center for Christian Living, 66 East Main Street, Pawling, NY 12564-1409.

Der Fleming H. Revell Company für Material aus *The Power of the Plus Factor von Norman Vincent Peale*, copyright © 1987 by Norman Vincent Peale.

Der Helen Steiner Rice Foundation für »Gott, bist Du da?« von Helen Steiner Rice, verwendet mit Erlaubnis der Helen Steiner Rice Foundation, Cincinnati, Ohio.